交通运输科技与成果转化项目
国家自然科学基金项目(项目号71672034)
财政部全国会计领军特殊支持计划
江苏省会计领军人才首期项目阶段性成果

公路资产核算与报告规则研究

陈志斌　等著

东南大学出版社
·南京·

内 容 简 介

在走向国家治理体系和治理能力现代化的今天,如何做好权责发生制政府综合财务报告,如何反映由政府部门代表政府所管理的公共基础设施资产,既是重点也是难点。鉴于公路资产在公共基础设施资产中的代表性,本书以此为突破点,在充分考量现行公路资产的投资体制、建设体制与管理体制、认真汲取可资借鉴的国际先进经验的基础上,对公路资产的会计主体、会计对象、会计确认、会计计量、会计记录和会计报告等逐一深入研究,构建了逻辑严谨的公路资产核算与报告体系。

本书契合当前政府会计改革的战略需求,构建了公路资产核算的政府财务会计体系,完善了公路资产核算的政府预算会计体系,在揭示双体系之间内在关联的基础上,实现了公路资产核算的财务会计系统与预算会计系统的协调并重,有助于为权责发生制政府综合财务报告编制奠定坚实基础,并对江苏周边地区乃至全国相关公共基础设施核算体系的建设提供借鉴与参考。

图书在版编目(CIP)数据

公路资产核算与报告规则研究/陈志斌等著.
—南京:东南大学出版社,2017.12
 ISBN 978-7-5641-7565-8

Ⅰ.①公… Ⅱ.①陈… Ⅲ.①公路运输企业—清产核资—研究②公路运输企业—财力会计—会计报表—研究 Ⅳ.①F540.58

中国版本图书馆 CIP 数据核字(2017)第 319480 号

出版发行:东南大学出版社
社　　址:南京四牌楼 2 号　邮编:210096
出 版 人:江建中
网　　址:http://www.seupress.com
经　　销:全国各地新华书店
排　　版:南京星光测绘科技有限公司
印　　刷:南京工大印务有限公司
开　　本:700mm×1000mm　1/16
印　　张:14.5
字　　数:276 千字
版　　次:2017 年 12 月第 1 版
印　　次:2017 年 12 月第 1 次印刷
书　　号:ISBN 978-7-5641-7565-8
定　　价:85.00 元(精装)

本社图书若有印装质量问题,请直接与营销部联系。电话:025-83791830

陈志斌

曾任东南大学经济管理学院副院长、党委书记,现任校社科处处长,兼会计系主任,教授、博士生导师,博士、会计学博士后,2014年入选全国会计领军人才特殊支持计划,2009年入选教育部新世纪优秀人才,2006年入选首期财政部会计学术领军人才,财政部首届管理会计咨询专家、财政部会计准则委员会咨询专家、CGMA"北亚100"管理会计专家、中国会计学会高等工科分会副会长、中国会计学会政府会计专业委员会副主任委员等。主要从事公司理财、政府会计、内部控制等方面的研究,先后在《管理世界》《会计研究》《中国工业经济》等核心期刊发表学术论文数十篇,出版专著多部,多次主持国家自然科学基金等国家及省部级课题研究工作,为多家大型公司提供内部控制、财务诊断与制度建设、现金流管理与价值管理等方面的管理咨询,多次获江苏省政府哲学社会科学优秀研究成果奖。

江苏省财政厅领导对课题研究提出殷切期望

课题组在课题结项会上向有关领导专家汇报

江苏省财政厅、交通运输厅有关领导及课题组成员举行研讨会

陈志斌教授与有关专家探讨课题研究

课题评审专家对研究内容提出相关建议

课题组到常州市公路管理处调研

课题组到南通市公路管理处调研

课题组向江苏省财政厅、交通运输厅有关领导汇报课题进展

《公路资产核算与报告规则研究》课题组成员

撰稿人：

陈志斌　周曙光　朱迪　汪艳　韩静　等

顾问团队：

赵　光　江苏省财政厅副厅长

沈益峰　江苏省财政厅副厅长

王永安　江苏省交通运输厅副厅长

江建平　江苏省地税局局长

课题总策划人：

秦义林　江苏省交通运输厅高级会计师、副处长

黄春玉　江苏省财政厅高级会计师、处长

陈志斌　东南大学教授、博导、社科处处长、财务与会计系主任

课题负责人： 陈志斌

政策研究团队：

黄春育　江苏省财政厅高级会计师、处长

朱　芹　江苏省交通运输厅高级会计师、处长

秦义林　江苏省交通运输厅高级会计师、副处长

王宝祥　江苏省交通运输厅副调研员

史晓明　江苏省财政厅博士、科长

李玉汉　江苏省交通运输厅公路局高级会计师、副调研员

邱红霞　江苏省交通运输厅公路局高级会计师、科长

孟　倩　江苏省交通经济研究会高级经济师

陆建锋　苏州市交通运输局高级会计师、处长

张燕滨　南通市交通运输局会计师、处长

王雨玲　扬州市交通运输局高级会计师、处长

吴建新　连云港市交通运输局高级会计师、处长

朱　琴　常州市公路处高级会计师、副处长

张建虹　如东县交通运输局高级会计师、科长

曹　亮　江苏省交通运输厅财务处主任科员
封　颖　江苏省交通运输厅财务处会计师、副主任科员
孟令达　江苏省交通运输厅港口局副主任科员

理论研究团队：
陈志红　南京大学副教授、博士
周曙光　东南大学博士生/重庆三峡学院高级会计师、注册会计师
汪　艳　东南大学硕士生
韩　静　东南大学副教授、博士
朱　迪　东南大学博士生
王诗雨　东南大学博士生
范圣然　东南大学博士生
包琼颖　东南大学硕士生
王　英　东南大学硕士生
柳春岩　兰州理工大学副教授、硕士生导师
潘　俊　南京审计大学副教授
刘子怡　南京审计大学讲师、博士
杨　洋　东南大学讲师、博士

实务研究团队：
王　展　江苏交通控股集团财务公司总经理
张世福　南京市财政局资产管理处处长
金　文　江苏省住房和城乡建设厅处长
王明文　江苏通行宝智慧交通科技有限公司总经理
王冬梅　宿迁市财政局副局长
柴小莺　江苏省环境科学研究院部长
王素军　江苏省工商行政管理局主任
陆正洪　苏州大学附属人民医院处长
任　燕　南京九州财务咨询公司总经理
高　峰　招商银行南京分行部副总经理
蒋立品　南京市公路管理处科长
胡开平　南京市公路管理处科长
孙　凌　常州市公路管理处科长
胡志荣　镇江市公路管理处科长

张慎林　南通市航道管理处科长
冯慧芬　南通市公路管理处科长

参与和协助调研与问卷人员：

黄春育、朱芹、秦义林、王宝祥、史晓明、李玉汉、邱红霞、陆建锋、张燕滨、王雨玲、吴建新、朱琴、张建虹、高正良、曹亮、封颖、孟令达、王展、任燕、张世福、金文、王明文、柴小莺、王素军、陆正洪、王冬梅、高峰、蒋立品、胡开平、孙凌、吴灵成、胡志荣、张慎林、冯慧芬、孙德鹏、周曙光、生丽英、崔建萍、孔源、王庭民、尚焕喜、陆明媛、周峰华、蔡雯、吉佩丝、周沫、阚士金、焦朋朋、沈琦敏、王郁、陈霆、孟倩、俞小衍、庹宁燕、李仁昊、朱柄宇、笪宁燕、邹伦博、鞠钧、刘朝晖、杨进、李国锋、贾崇崇、沈璇、赵彦杰、徐沁、吴铁柱、杨乘浩、周榴照、黄玉飞、孙逸、傅治然、汪艳、陈志红、韩静、王诗雨、范圣然、包琼颖、王英、柳春岩、刘子怡、蔡英杰、孙建国、李宏伟、苟昂、周慧

摘　　要

十八届三中全会审议通过的《中共中央关于全面深化改革若干重大问题的决定》提出了"加快建立国家统一的经济核算制度"的要求，指出了深入推进政府会计改革的方向。而"十三五"规划同样强调"推进政府会计改革，建立中国政府会计准则体系"。公共基础设施具有资金需求量大、投资主体多元化、管理主体多样化、覆盖范围广、公益性强、跨期长等特点，其核算有别于普通固定资产，将对政府会计准则体系建设产生重大影响。而公路基础设施承载着某一地区经济平稳运行和发展的重任，而且其建设过程中资金需求量大、项目周期长等特点更加突出，其核算在公共基础设施核算体系中具有极强的代表性。

虽然起步较晚，但经过改革开放，特别是新世纪近二十年的发展，江苏公路基础设施建设已取得显著成效，相关配套服务建设水平也处于全国前列。如今，伴随着国家"长三角一体化"和沿海开发两大战略的实施与推进，江苏公路基础设施建设势必将面临新的机遇和挑战。如何才能抓住机遇、迎接挑战？这对制定并完善公路资产核算与报告规则提出了要求。

因此本书从公路投资体制、建设模式、管理体制和核算现状等实际情况出发，结合公共产品、受托责任和委托代理等理论基础和《中华人民共和国公路法》《中华人民共和国预算法》等法规制度，借鉴国际上公路资产相关的主体、对象、确认、计量、记录、报告等方面的先进经验，从政策制定和学术研究两个方向上探究江苏省公路资产核算与报告规则的制定问题。

本书基本构建了公路资产核算与报告体系，将对相关公共基础设施核算体系的建设提供借鉴与参考,助力《政府会计准则第 5 号——公共基础设施》的有效实施,推动体制改革、管理模式优化与公共管理水平提高,进而助力国家统一的经济核算制度和中国政府会计准则体系的建立以及政府会计改革的推进。

主题词:公路资产　会计主体　会计对象　会计确认　会计计量　会计记录　会计报告

Abstract

"Decision of the Central Committee of the Communist Party of China on Some Major Issues Concerning Comprehensively Deepening the Reform" adopted at the Third Plenary Session of the 18th Central Committee of the Communist Party of China proposed "establish a unified national accounting system", pointing out the direction of further promoting the reform of government accounting. The 13th Five-year Plan also emphasized "promoting the reform of government accounting and establishing the system of Chinese government accounting standards". Public infrastructure, with the characteristics of large capital demand, diversification of investment subjects, diversification of management subjects, wide coverage, strong public interest, long span and so on, is different from normal fixed assets and has a significant impact on the construction of government accounting standards system. Besides, the highway infrastructure carries the responsibility to economic stability and development in a certain area, and its characteristics, such as large demand for funds in the process of its construction, long project cycle, is more prominent. Therefore, the highway infrastructure accounting is a strong representative in public infrastructure accounting system.

Although the late start, but after the reform and opening up, especially in the nearly twenty years of development, Jiangsu highway infrastructure construction has achieved remarkable results. The level of relevant supporting services are also in the forefront of the country. Nowadays, along with the implementation of the national "Yangtze River Delta integration" and the two strategies of coastal development, the construction of highway infrastructure in Jiangsu will face new opportunities and challenges. How can we seize the opportunity and meet the challenge? It is necessary to develop and perfect the accounting and reporting rules of highway assets in Jiangsu province.

Based on the above reasons, this subject, which started from the actual situation of the Jiangsu pighway investment system, construction mode, management system and accounting status, combined with public products, accountability and the principal-agent theory and the "highway law" and the "budget law" and other laws and regulations, learned the advanced experience of the object, confirmation, measurement record and report related to the highway assets from foreign countries, made inquiry of Jiangsu province highway asset accounting and reporting rules in the policy and academic research directions

This subject constructed the Jiangsu Province highway asset accounting and reporting system, which will provide reference for the construction of the surrounding areas of Jiangsu and even the national public infrastructure accounting system, promoting the effective execution of the "Government Accounting Standards for Public Infrastructure", the system reform, the optimization of the management mode and the improvement of the level of public management, and helping the construction of the unified economic accounting system and China government accounting system standards and the promotion of the government accounting reform.

KEY WORDS: highway asset; accounting entity; accounting object; accounting recognition; accounting measurement; accounting record; accounting report

序　言

经过多年的发展积累,江苏省已形成了众多优质的公共基础设施资产,很好地保障了经济社会发展需求。2014年12月国务院批转财政部制定的《权责发生制政府综合财务报告制度改革方案》,要求各级政府向社会公开完整的政府"家底"。而由政府部门代表政府管理的公共基础设施,如何在政府综合财务报告中得以反映,既是重点,也是难点。公路资产作为公共基础设施的重要组成部分,具有很强的代表性,可以作为探索公共基础设施核算与报告体系的重要突破点。因此,将"公路资产核算与报告规则研究"列为一项重要研究课题,探讨如何构建科学的公路资产核算与报告体系显得十分紧要。

陈志斌教授所主持的课题"公路资产核算与报告规则研究",契合了推进权责发生制政府综合财务报告制度改革的战略需求,在政府会计准则、政府会计制度的指导下,结合现行公路资产的投资、建设与管理体制,构建了公路资产核算与报告体系,具有较强的指导性,有助于交通运输部门适应政府会计改革和编制权责发生制政府综合财务报告的要求,做好公路资产以及公共基础设施的核算与报告工作;有助于交通运输部门强化内部管理,满足对公路资产以及公共基础设施实施价值管理的需要,从而实现价值管理与实物管理的并重,持续提升政府资产管理水平。

课题研究报告具有较高的创新性,内容较为全面,分别从研究背景、理论基础与制度依据、国际经验借鉴、会计主体、会计对象、会计确认、会计计量、会计记录和会计报告等方面,逐一展开深入研究,各部分逻辑关系构建严谨,形成了一个完整的体系。进一步地,在上述研究的基础上形成了公路资产核算与报告的具体应用指南。本课题研究理论与实务结合密切，既具有一定的理论深度，同时也充分地体现出了较强的现实指导性。

本课题研究报告开创性地构建了公路资产核算与报告体系，从公路资产的初始确认、后续支出、计提折旧、资产处置以及与公路资产相关的报告信息填报等层面展开，解决了公路资产财务会计与预算会计的平行记账方式、公路资产财务会计科目与预算会计科目的衔接、与公路资产相关报表之间的勾稽关系等问题，并揭示了公路资产的财务会计体系与预算会计体系的内在关联，实现公路资产核算的财务会计系统与预算会计系统之间的协调，为权责发生制政府综合财务报告编制奠定了坚实基础，研究成果将对相关公共基础设施核算体系的建设提供借鉴与参考。同时，本研究报告研究视角新颖，综合运用了行政管理、公共财政和政府会计等相关理论，拓展了政府会计理论研究的视野。

《公路资产核算与报告规则研究》是一部具有理论贡献与社会影响的力作。为此，我欣然为此书作序，相信它将会得到交通运输部门、政府会计理论与实务界人士的重视。

江苏省财政厅副厅长 赵光

2017 年 11 月 30 日

前　言

建立权责发生制的政府综合财务报告是十八届三中全会关于深化财税体制改革进行的一项重要内容。公共基础设施是政府资产的重要组成部分，构建公共基础设施的核算与报告体系，是建立权责发生制的政府综合财务报告制度这一战略部署的必然要求。公路资产在公共基础设施中具有代表性，因此着眼于各级政府及其部门对公路资产核算与报告的现实需求，致力于构建公路资产核算的财务会计体系，完善公路资产核算的预算会计体系，显得十分迫切和必要。为了顺利推进公共基础设施资产核算与报告工作，江苏省交通运输厅、省财政厅、东南大学共同开展了"公路资产核算与报告规则研究"的课题研究工作。

2016年1月，江苏省交通运输厅财务处朱芹处长、秦义林副处长、王宝祥副调研员，江苏省财政厅会计处黄春育处长、刘建强副处长、史晓明博士，东南大学陈志斌教授、韩静副教授、杨洋博士、周曙光博士、潘俊副教授、汪艳等与江苏省会计领军人才一同在东南大学召开了课题的主题研讨会，探讨了构建公共基础设施核算与报告体系的必要性和紧迫性，建议以公路资产核算与报告为突破口，以问题为导向，有计划地展开研究。

公路资产是公共基础设施中资产存量最大、建设管理形式最丰富、政策创新最多的部分，课题组充分认识到研究的复杂性和紧迫性，鉴于研究成果的实操性要求高，课题组与江苏省交通运输厅、省财政厅有关领导积极沟通，组织协调相关部门和单位的人员开展一系列的座谈会、问卷调查、实地调研等活动，贯彻落实"汇报研究进展—听取有关领导专家和实务部门意见—修改研究报告—进一步汇报研究进展"的行动方针，将课题研究真正落到实处。

课题研究得到了省交通运输厅、省财政厅、省交通运输厅公路局、江苏省高速公路经营管理中心以及各市、区交通局、公路管理机构、地方融资平台公司等单位的大力支持。正是通过座谈会、实地调研、问卷调查、专家审查和反复的交流论证，东南大学课题组最终完成了"公路资产核算与报告规则研究"课题研究报告。

在拟定调研计划、确定调研提纲、正式开展调研、后续沟通反馈的过程中，课题组的研究工作得到了省交通运输厅的大力支持，尤其是以秦处长为代表的领导专家不但密切关注课题进展，而且亲自带队到各地调研，积极联系相关部门和单位，保证了实地调研顺利开展，使课题组取得了江苏省公路资产核算与报告的第一手数据，为课题研究打下了坚实基础。课题组于2016年3月到江苏省高速公路经营管理中心开展调研，较为系统地了解了江苏省高速公路经营管理中心的基本情况，进一步明确了研究的重点和难点。紧接着，课题组于4月份在省交通运输厅公路局开展调研，省交通运输厅公路局，南京、镇江、连云港、苏州、南通、常州等地公路管理处代表以及江苏交通控股有限公司的代表在会上介绍了各单位的基本情况，并回答了课题组的相关问题，课题组在获得第一手资料的同时，进一步修改了研究框架。

为了使研究内容更为翔实，课题组在秦义林副处长的带领下，在省交通运输厅、省交通运输厅公路局等有关领导的陪同下，于7月份分别对南京市、常州市和南通市公路管理处进行了调研。与此同时，课题组也陆续开展问卷调查，结合实地调研情况和拟解决的问题，设计并修正问卷，进一步丰富研究资料。课题组于9月在省交通运输厅召开课题大纲专家审查会，省交通运输厅、省财政厅的领导给予了高度评价，对课题研究提出殷切期望。同时，课题组还得到了中国交通会计学会汤永胜会长、长安大学周国光教授、浙江省交通运输厅赵春华处长以及其他理论与实务界专家、一线财务工作者的支持和指导，进一步提升了本课题的研究质量。在此之后，课题组梳理讨论并吸纳专家的真知灼见，修正研究大纲并撰写研究报告，在省交通运输厅的大力支持下于12月开展了一次大规模的问卷调研，得到了各市、区（县）交通运输主管部门、公路管理机构、各交通投资建设相关企业单位等的反馈，进一步印证了课题研究的内容，有助于研究报告的撰写和完善。

纵观整个研究过程，课题组内部开展多次会议研讨，不断推进研究工作的开展，这与省交通运输厅、省财政厅、江苏省领军人才的大力支持是分不开的。从3月到12月，多次在东南大学四牌楼校区、九龙湖校区，江苏省环保厅、江苏宁沪高速财务公司等地汇报交流,并及时探讨国内政策对课题研究的影响。课题组充分吸取《政府会计制度——行政事业单位会计科目和会计报表(征求意见稿)》(财办会〔2016〕30号)、《政府会计准则第××号——公共基础设施(征求意见稿)》(财办会〔2016〕40号)的要求,并结合公路资产的核算特点进行提升。2017年2月,课题组再次在省交通运输厅进行了深入探讨,进一步提升研究报告的深度。

在本课题结项之后,财政部陆续发布了《政府会计准则第5号——公共基础设施》(财会〔2017〕11号)和《政府会计制度——行政事业单位会计科目和报表》(财会〔2017〕25号)。课题组根据公共基础设施准则和政府会计制度的要求,对研究报告进行了修改与完善。最后,对本课题研究过程中给予大力支持的各位领导、评审专家、相关调研单位致以衷心的谢意!

目　录

第1章　问题提出与研究计划 …………………………………… /001
　1.1　研究背景与问题界定 ……………………………………… /001
　　1.1.1　研究背景 ………………………………………………… /001
　　1.1.2　问题界定 ………………………………………………… /006
　1.2　研究定位与目标 …………………………………………… /008
　　1.2.1　研究定位 ………………………………………………… /008
　　1.2.2　研究目标 ………………………………………………… /008
　1.3　研究价值 …………………………………………………… /009
　　1.3.1　推进政府会计领域公共基础设施财务会计理论与预算会计
　　　　　理论的研究、加深行政与公共管理理论的认识 ……… /009
　　1.3.2　为《政府会计准则第5号——公共基础设施》的具体实施
　　　　　提供参考 ………………………………………………… /009
　　1.3.3　为公路资产以至公共基础设施核算和报告提供实践指导
　　　　　………………………………………………………………… /010
　　1.3.4　推动体制改革、管理模式优化与公共管理水平提高 …… /010
　1.4　主要研究内容、技术路径与计划安排 …………………… /011
　　1.4.1　主要研究内容 …………………………………………… /011
　　1.4.2　研究思路与技术路径 …………………………………… /013
　1.5　研究保障体系 ……………………………………………… /014

第 2 章 研究背景分析 /016
2.1 公路基本情况分析 /016
- 2.1.1 公路分类说明 /016
- 2.1.2 全国公路概况 /016
- 2.1.3 江苏公路概况 /017
- 2.1.4 江苏公路的发展规划 /020
- 2.1.5 江苏公路的战略与战术价值分析 /020

2.2 公路投资体制分析 /022
- 2.2.1 高速公路投资体制 /022
- 2.2.2 普通国省道投资体制 /023
- 2.2.3 农村公路投资体制 /024

2.3 公路建设模式分析 /025
- 2.3.1 高速公路的建设模式 /025
- 2.3.2 普通国省道的建设模式 /026
- 2.3.3 农村公路的建设模式 /026

2.4 公路管理体制分析 /027
- 2.4.1 公路管理的权责划分 /027
- 2.4.2 高速公路的管理模式 /029
- 2.4.3 普通国省道的管理模式 /029
- 2.4.4 农村公路的管理模式 /030

2.5 公路资产核算现状分析 /031
- 2.5.1 不同单位对公路资产的核算现状 /031
- 2.5.2 不同类型公路资产的核算现状 /031
- 2.5.3 公路资产核算存在的问题 /032

第 3 章 理论基础与制度依据 /034
3.1 理论基础 /034
- 3.1.1 公共产品理论 /034
- 3.1.2 公共受托责任理论 /035
- 3.1.3 委托代理理论 /036
- 3.1.4 新公共管理理论 /037

3.2 制度依据 /038

  3.2.1　与公路相关的法规制度 ……………………………………… /038
  3.2.2　与会计核算和报告相关的法规制度 ………………………… /040

第4章　公路资产核算与报告的国际经验 ……………………………… /043
 4.1　公路资产会计主体的国际经验 …………………………………… /043
 4.2　公路资产会计对象的国际经验 …………………………………… /044
 4.3　公路资产会计确认的国际经验 …………………………………… /045
 4.4　公路资产会计计量的国际经验 …………………………………… /047
 4.5　公路资产会计记录的国际经验 …………………………………… /049
 4.6　公路资产会计报告的国际经验 …………………………………… /051

第5章　公路资产的会计主体研究 ……………………………………… /053
 5.1　基于公路资产不同权利主体的会计主体选择研究 ……………… /053
  5.1.1　财政部门作为公路资产会计主体的探讨 …………………… /053
  5.1.2　筹资者作为公路资产会计主体的探讨 ……………………… /054
  5.1.3　建设者作为公路资产会计主体的探讨 ……………………… /054
  5.1.4　行业管理者作为公路资产会计主体的探讨 ………………… /055
  5.1.5　资产管理者作为公路资产会计主体的探讨 ………………… /055
 5.2　基于规范化会计核算体系设计与现行公路管理体制制约的会计
   主体确定研究 ……………………………………………………… /060
  5.2.1　规范化会计核算体系设计与现行公路管理体制的制约
     ………………………………………………………………… /060
  5.2.2　规范化会计核算体系设计与现行公路管理体制制约下的会
     计主体确定 ……………………………………………………… /063
 5.3　公路资产会计主体确定的原则 …………………………………… /064
  5.3.1　资产管理权原则 ……………………………………………… /065
  5.3.2　事权划分原则 ………………………………………………… /065
  5.3.3　财政预算拨款关系原则 ……………………………………… /065
  5.3.4　受托责任原则 ………………………………………………… /066
 5.4　公路资产会计主体的具体界定 …………………………………… /066
  5.4.1　公路资产的事业单位会计主体 ……………………………… /066
  5.4.2　公路资产的行政单位会计主体 ……………………………… /068

5.4.3　公路资产会计主体之间的关系 ……………………………… /070

第6章　公路资产的会计对象研究 ……………………………………… /074
　6.1　以所有权与资产管理权为基础的会计对象确定研究 ………… /074
　　　6.1.1　以所有权为基础的会计对象确定研究 ……………………… /074
　　　6.1.2　以资产管理权为基础的会计对象确定研究 ………………… /075
　6.2　会计对象确定与现行公路管理体制的协同研究 ……………… /076
　6.3　会计对象的组成与公路管理体制的协调研究 ………………… /078
　　　6.3.1　基于概预算、决算的公路实物资产组成研究 ……………… /078
　　　6.3.2　基于招投标的公路实物资产组成研究 ……………………… /079
　　　6.3.3　基于后续使用与养护管理的公路实物资产组成研究 …… /079
　6.4　会计对象的界定 ………………………………………………… /082

第7章　公路资产的确认研究 …………………………………………… /085
　7.1　公路资产确认与公路资产建设、管理特性的协调研究 ……… /085
　　　7.1.1　基于建设特性的公路资产确认研究 ………………………… /085
　　　7.1.2　基于管理特性的公路资产确认研究 ………………………… /086
　7.2　增量公路资产的确认研究 ……………………………………… /086
　　　7.2.1　增量公路资产的内涵 …………………………………………… /086
　　　7.2.2　增量公路资产的确认条件 ……………………………………… /086
　　　7.2.3　增量公路资产的确认时间 ……………………………………… /088
　7.3　存量公路资产的确认研究 ……………………………………… /088
　　　7.3.1　存量公路资产的内涵 …………………………………………… /088
　　　7.3.2　存量公路资产的确认条件 ……………………………………… /088
　　　7.3.3　存量公路资产的确认时间 ……………………………………… /089
　7.4　公路资产日常维护的确认研究 ………………………………… /089
　　　7.4.1　公路资产日常维护的内涵 ……………………………………… /089
　　　7.4.2　公路资产日常维护的确认条件 ………………………………… /089
　　　7.4.3　公路资产日常维护的确认时间 ………………………………… /089
　7.5　公路资产大中修的确认研究 …………………………………… /090
　　　7.5.1　公路资产大中修的内涵 ………………………………………… /090
　　　7.5.2　公路资产大中修的确认条件 …………………………………… /090

  7.5.3 公路资产大中修的确认时间 …………………………… /090
 7.6 公路资产改扩建的确认研究 ……………………………………… /090
  7.6.1 公路资产改扩建的内涵 …………………………………… /090
  7.6.2 公路资产改扩建的确认条件 ……………………………… /091
  7.6.3 公路资产改扩建的确认时间 ……………………………… /091
 7.7 公路资产建设形成利息的资本化确认研究 ……………………… /091
  7.7.1 公路资产建设形成利息的来源 …………………………… /091
  7.7.2 公路资产建设形成利息的资本化确认条件 ……………… /091
  7.7.3 公路资产建设形成利息的资本化确认时间 ……………… /092
 7.8 公路资产折旧的确认研究 ………………………………………… /092
  7.8.1 公路资产不折旧的探讨 …………………………………… /092
  7.8.2 公路资产折旧的探讨 ……………………………………… /093
 7.9 公路资产处置的确认研究 ………………………………………… /096
  7.9.1 公路资产处置的内涵 ……………………………………… /096
  7.9.2 公路资产处置的确认条件 ………………………………… /096
  7.9.3 公路资产处置的确认时间 ………………………………… /096

第8章 公路资产的计量研究 ……………………………………………… /098

 8.1 公路资产的计量与财政管理体制的协调研究 …………………… /098
  8.1.1 公路资产的计量与预算管理体制的协调研究 …………… /098
  8.1.2 公路资产计量中的财权与事权匹配研究 ………………… /099
  8.1.3 公路资产的计量与政府绩效考评的协调研究 …………… /099
 8.2 公路资产的计量与公路建设、管理特性的协调研究 …………… /100
 8.3 增量公路资产的初始计量研究 …………………………………… /100
  8.3.1 政府自行建造公路资产的初始计量 ……………………… /100
  8.3.2 接受其他会计主体移交的公路资产的初始计量 ………… /101
 8.4 存量公路资产的初始计量研究 …………………………………… /101
  8.4.1 保存有经批准的竣工财务决算的存量公路资产初始计量
     ……………………………………………………………… /101
  8.4.2 经竣工财务决算但资料已缺失的存量公路资产初始计量
     ……………………………………………………………… /101
 8.5 公路资产日常维护的计量研究 …………………………………… /102

8.6 公路资产大中修的计量研究 ·· /102
8.7 公路资产改扩建的计量研究 ·· /103
8.8 公路资产累计折旧的计量研究 ··· /103
  8.8.1 计提折旧的原则 ·· /103
  8.8.2 折旧方法的选择 ·· /103
  8.8.3 改扩建后的折旧 ·· /104
8.9 公路资产处置的计量研究 ··· /105

第9章 公路资产的记录研究 ·· /107

9.1 会计科目使用说明 ·· /107
  9.1.1 相关预算会计科目使用说明 ·· /107
  9.1.2 相关财务会计科目使用说明 ·· /110
9.2 公路资产会计主体之间的账务关系 ··· /113
  9.2.1 财政部门与公路管理机构之间的账务关系 ······················· /113
  9.2.2 交通运输主管部门与公路管理机构之间的账务关系 ·········· /114
9.3 财政部门的账务处理 ·· /115
  9.3.1 财政部门拨付与公路相关的预算资金的账务处理 ············· /115
  9.3.2 财政部门以政府名义发行地方政府债券的账务处理 ·········· /115
  9.3.3 财政部门支付公路征地拆迁补偿款的账务处理 ················ /117
9.4 交通运输主管部门的账务处理 ··· /117
9.5 公路管理机构的账务处理 ·· /118
  9.5.1 公路管理机构收到与公路相关资金时的账务处理 ············· /118
  9.5.2 增量公路资产初始确认的账务处理 ································ /119
  9.5.3 存量公路资产初始确认的账务处理 ································ /126
  9.5.4 公路资产后续支出的账务处理 ······································ /128
  9.5.5 公路资产计提折旧的账务处理 ······································ /130
  9.5.6 公路资产处置的账务处理 ·· /131
  9.5.7 特殊业务的账务处理 ·· /132

第10章 公路资产的报告研究 ··· /134

10.1 政府资产负债表中公路资产项目的列报研究 ··························· /134
  10.1.1 政府资产负债表中公路资产项目的报告主体 ················· /134

10.1.2 政府资产负债表中公路资产项目的列报形式 …………… /135
10.1.3 政府资产负债表中公路资产项目的列报内容 …………… /137
10.1.4 政府资产负债表中公路资产项目的列报说明 …………… /138
10.2 决算报告中公路资产相关资金项目的列报研究 ……………… /139
10.2.1 决算报告中公路资产相关资金项目的报告主体 ………… /140
10.2.2 决算报告中公路资产相关资金项目的列报形式 ………… /140
10.2.3 决算报告中公路资产相关资金项目的列报内容 ………… /141
10.2.4 决算报告中公路资产相关资金项目的列报说明 ………… /142
10.3 公路资产实物报告研究 ……………………………………… /143
10.3.1 公路资产实物报告的报告主体 ………………………… /143
10.3.2 公路资产实物报告的列报内容 ………………………… /144
10.3.3 公路资产实物报告的列报格式 ………………………… /144
10.3.4 公路资产实物报告的列报说明 ………………………… /148
10.4 公路资产相关报告的编制与汇总研究 ……………………… /149
10.4.1 政府资产负债表和决算报表的编制与汇总 …………… /149
10.4.2 公路资产实物报告的编制与汇总 ……………………… /150

第11章 公路资产会计准则具体应用指南 …………………………… /153

11.1 关于适用范围 ………………………………………………… /153
11.2 关于会计主体的确定 ………………………………………… /153
11.2.1 公路资产的事业单位会计主体 ………………………… /154
11.2.2 公路资产的行政单位会计主体 ………………………… /155
11.2.3 公路资产会计主体之间的关系 ………………………… /157
11.3 关于公路资产管理权的认定 ………………………………… /158
11.4 关于公路资产的组成 ………………………………………… /159
11.5 关于公路资产的确认 ………………………………………… /160
11.6 关于公路资产的初始计量 …………………………………… /161
11.7 关于公路资产的后续支出 …………………………………… /162
11.8 关于公路资产建设形成利息的资本化确认 ………………… /163
11.9 关于公路资产的折旧 ………………………………………… /163
11.10 关于公路资产的处置 ……………………………………… /165
11.11 关于应设置的相关会计科目和主要账务处理 …………… /166

11.11.1　相关预算会计科目和主要账务处理 …………………… /166
　　11.11.2　相关财务会计科目和主要账务处理 …………………… /168
11.12　公路资产的财务会计报告和预算会计报告 ………………………… /172
　　11.12.1　政府资产负债表中公路资产项目的列报 ………………… /172
　　11.12.2　决算报告中公路资产相关资金项目的列报 ……………… /177
　　11.12.3　政府资产负债表和决算报表的编制与汇总 ……………… /180
11.13　公路资产的实物报告 ……………………………………………… /182
　　11.13.1　公路资产实物报告的报告主体 …………………………… /182
　　11.13.2　公路资产实物报告的列报内容 …………………………… /182
　　11.13.3　公路资产实物报告的列报格式和列报说明 ……………… /182
　　11.13.4　公路资产实物报告的编制与汇总 ………………………… /187

参考文献 ……………………………………………………………………… /189

附件：关于印发《政府会计准则第5号——公共基础设施》的通知 …… /193

后　记 ………………………………………………………………………… /199

第 1 章　问题提出与研究计划

1.1　研究背景与问题界定

1.1.1　研究背景

1.1.1.1　党和政府提出了建立健全政府会计的目标和任务

（1）十八届三中全会提出的战略部署

党的十八届三中全会审议通过的《中共中央关于全面深化改革若干重大问题的决定》，明确提出了"加快建立国家统一的经济核算制度，编制全国和地方资产负债表"，并且要"建立跨年度预算平衡机制，建立权责发生制的政府综合财务报告制度，建立规范合理的中央和地方政府债务管理及风险预警机制"的重要战略部署。这表明我国将要进一步规范政府经济核算制度，也指出了深入推进政府会计改革的方向。

"建立国家统一的核算制度"要求政府会计核算制度能够顺应经济社会发展的需要，科学、全面、准确地反映政府资产负债和成本费用。但是，多年来我国在政府会计领域实行的是以收付实现制为核算基础的预算会计体系，主要反映政府年度预算执行情况。这样尽管对准确反映预算收支情况、加强预算管理和监督发挥了重要作用，但是不利于强化政府资产管理、降低行政成本、提升运行效率、有效防范财政风险，难以满足建立现代财政制度、促进财政长期可持续发展和推进国家治理现代化的要求。

因此，根据党的十八届三中全会提出的战略部署，亟须建立健全权责发生制的政府综合财务报告制度。公共基础设施是政府资产的重要组成部分，构建公共基础设施的会计核算体系，是实施编制全国和地方资产负债表、建立权责发生制的政府综合财务报告制度这一重要战略部署的必然要求。

(2)国家发展规划提出建立中国政府会计准则体系

为了规范政府会计核算与报告工作,从"十一五"规划开始,我国在"十一五""十二五""十三五"规划中连续提出推进政府会计改革,建立中国政府会计准则体系。2006年,"十一五"规划纲要中明确提出"调整和规范中央与地方、地方各级政府间的收支关系,建立健全与事权相匹配的财税体制""改革预算编制制度,提高预算的规范性和透明度。继续深化部门预算、国库集中收付、政府采购和收支两条线管理制度改革",并要求"建立国库现金管理和国债余额管理制度,推进政府会计改革。加强预算执行审计,提高预算执行的严肃性。建立财政预算绩效评价体系,提高财政资金使用效率"和"加强政府债务管理,防范政府债务风险。完善非税收入管理制度,规范对土地和探矿权、采矿权出让收入的管理"。

2011年,"十二五"规划纲要再次提出,一方面要深化财政体制改革,"按照财力与事权相匹配的要求,在合理界定事权基础上,进一步理顺各级政府间财政分配关系,完善分税制",另一方面要完善预算管理制度,"实行全口径预算管理,完善公共财政预算,细化政府性基金预算,健全国有资本经营预算,在完善社会保险基金预算基础上研究编制社会保障预算,建立健全有机衔接的政府预算体系。深化部门预算、国库集中收付、政府采购及国债管理制度改革",同时"强化预算支出约束和预算执行监督,健全预算公开机制,增强预算透明度",进一步推进政府会计改革,逐步建立政府财务报告制度。

2016年3月,"十三五"规划纲要更进一步地提出"建立事权和支出责任相适应的制度,适度加强中央事权和支出责任",确立有序的财力格局。同时要求"完善政府预算体系,加大政府性基金预算、国有资本经营预算与一般公共预算的统筹力度,完善社会保险基金预算编制制度。实施跨年度预算平衡机制和中期财政规划管理。全面推进预算绩效管理";明确提出"建立政府资产报告制度,深化政府债务管理制度改革,建立规范的政府债务管理及风险预警机制。建立权责发生制政府综合财务报告制度和财政库底目标余额管理制度"和"扩大预算公开范围,细化公开内容"。这一系列规划要求不断推进政府会计改革,是建立政府会计准则体系的应有之意。

(3)国务院批转财政部政府综合财务报告制度改革方案

为了贯彻落实党的十八届三中全会精神,2014年12月国务院批转财政部制定的《权责发生制政府综合财务报告制度改革方案》(简称《方案》)。《方案》提出"建立健全政府会计核算体系和政府财务报告体系"的改革任务,指出"政府财务报告主要包括政府部门财务报告和政府综合财务报告",其中"政府部门编制部门财务报告,反映本部门的财务状况和运行情况;财政部门编制政府综合财务报告,反映政府整体的财务状况、运行情况和财政中长期可持续性"。

同时,《方案》提出"建立健全政府财务报告审计和公开机制",要求各级政府向社会公开完整的政府"家底",而且要"充分利用政府财务报告反映的信息,识别和管理财政风险,更好地加强政府预算、资产和绩效管理,并将政府财务状况作为评价政府受托责任履行情况的重要指标"。

1.1.1.2 政府会计准则建设的需要

(1) 政府会计准则体系建设

权责发生制政府综合财务报告制度改革是基于政府会计规则的重大改革,其前提和基础就是要构建统一、科学、规范的政府会计准则体系。规范的政府会计准则体系,包括政府会计基本准则、具体准则、应用指南和政府会计制度。2015年10月,财政部发布了《政府会计准则——基本准则》(简称《基本准则》),正式将公共基础设施纳入政府会计核算体系之中。《基本准则》作为政府会计的"概念框架",统驭政府会计具体准则和政府会计制度的制定,并为政府会计实务问题提供处理原则,为编制政府财务报告提供基础标准。

然而,《基本准则》只是对政府会计的构成要素、核算基础和报告内容等做出了原则性的规范。《基本准则》的具体适用对象较为复杂,缺乏可操作性,难以在所有政府会计主体中得到有效实施。因此,亟须制定各项具体准则、应用指南和政府会计制度。2016年7月,财政部发布了《政府会计准则第1号——存货》《政府会计准则第2号——投资》《政府会计准则第3号——固定资产》《政府会计准则第4号——无形资产》四项政府会计具体准则;2017年4月,财政部发布了《政府会计准则第5号——公共基础设施》,要求相关会计主体于2018年1月1日起施行,但由于公共基础设施准则应用指南尚未发布,在具体执行中仍将面临诸多难题。因此,公共基础设施准则应用指南亟待制定与发布,本书的研究能够为公共基础设施准则应用指南的制定提供参考。

(2) 公共基础设施会计核算的特殊性

公共基础设施具有资金需求量大、投资主体多元化、管理主体多样化、覆盖范围广、公益性强、跨期长等特点,有别于普通的固定资产。具体来说:

① 从会计主体来看,同一公共基础设施的多项事权分别被授予不同层

级政府,各层级政府都承担一定的公共基础设施的支出责任,从而出现多个财政预算的拨款关系。如果各层级政府都将公共基础设施确认为自己的资产,会导致该资产被重复核算。

② 同一事权由于法律的规定不明确,导致各地的实施方式也不同。不同区域政府对同一公共基础设施资产的核算不同,导致不同区域政府的资产负债表中公共基础设施项目也不具有可比性。

③ 公共基础设施各组成部分及其构件使用年限不同或未规定使用年限,使其不能按照一般固定资产的核算方法计提折旧。另外,公共基础设施作为政府会计主体所管理的资产,其产生的折旧费用应区别于政府会计主体的固定资产进行单独核算。

④ 在后续支出资本化的确认标准上,公共基础设施与固定资产有所区别。对于公共基础设施来说,后续支出只有显著提高其使用效能、增加其服务潜力等才能予以资本化,计入资产的成本。

因此,公共基础设施会计核算不能完全按照《政府会计准则第 3 号——固定资产》的相关规定来进行,有必要专门针对公共基础设施的会计核算进行研究,在此基础上制定单独的具体准则,以便更加清晰地体现公共基础设施作为一类特殊政府资产的核算与报告规则。

1.1.1.3 提升公共管理实践的内在要求

(1) 推进公共基础设施投资体制、建设体制与管理体制的变革与优化

当前,中央财政安排建设形成的公共基础设施与各级地方政府财政投资所形成的公共基础设施交集在一起,存在产权不明晰的问题,而产权的交叉或不明极易造成中央与地方政府财权与事权的不匹配。此外,也存在对公共基础设施管理权责界定混乱的问题。公共基础设施的管理权责,一般通过多种形式和层次的委托代理关系而形成,但由于我国公共基础设施管理工作尚未形成统一的模式,在分配实际管理权的过程中,多种委托代理关系相互交纵,进而无法准确划分各管理主体对公共基础设施的管理权责。

因此,从明晰公共基础设施的产权与管理权责来看,亟须推动公共基础设施投资体制、建设体制与管理体制的变革与优化。规范化的公共基础设施会计核算体系,能够反作用于现行公共基础设施的财政投资体制、建设体制与管理体制。因此,健全与公共基础设施相关的会计核算体系,对于推进现有体制的变革与优化显得至关重要。公共基础设施会计核算体系将明确解决"谁来核算"这一核心问题,使公共基础设施的产权与管理权责得到明晰,

进而现存投资体制、建设体制与管理体制中的相关问题也将迎刃化解。

(2) 政府资产管理的科学化、精细化需求

一直以来,在行政事业单位资产管理中存在"重初始配置、轻后续管理"的思想,不利于加强国有资产的管理、提高国有资产的使用效率。因此,政府需要加强自身的资产管理,以实现管理的科学化和精细化。2015年12月,财政部发布的《关于进一步规范和加强行政事业单位国有资产管理的指导意见》,对政府资产管理的科学化、精细化提出了更高的要求。

在当前我国经济社会发展进入新阶段,改革进入攻坚期和深水区的宏观背景下,全面加强政府资产管理,着力构建覆盖全面的政府资产管理体系,是深化财政管理的重要举措,也是国家治理体系和治理能力现代化建设的重要保障。而科学化、精细化的资产管理,离不开完善的资产信息支持。为了实现对政府资产进行高效的监督和管理,必须要明确资产的使用、管理、增减变动情况。政府及其部门对公共基础设施进行核算与报告,能够全面、真实地反映增量和存量公共基础设施的状况,提高公共基础设施规划、建设、管理等决策的科学性,夯实公共基础设施科学化、精细化管理的基础。

(3) 有助于正确评估公共基础设施负债风险,合理控制地方政府债务风险

公共基础设施建设需要大量的资金,由于地方政府财力有限,财政资金投入难以满足公共基础设施事业发展的需求,因此地方政府债务融资成为公共基础设施建设资金的重要来源。然而,地方政府债务融资虽然在一定程度上推动了公共基础设施事业的发展,但也同时使地方政府积累了不同程度的直接或间接、显性或隐性的债务,导致地方政府债务规模不断膨胀。

推进公共基础设施核算与报告工作,构建规范化的公共基础设施核算与报告体系,能够为政府及其部门提供有关公共基础设施的预算会计和财务会计信息,将公共基础设施资产与相关的政府债务相匹配,有助于了解地方政府负债规模、结构以及变化趋势,识别与判断政府当期及未来中长期债务风险水平及可控程度,进而将地方政府债务风险控制在合理范围。

(4) 有利于政府绩效评价精准化

政府绩效评价作为新公共管理的重要内容,承载着加强政府责任、提高政府效率的重任,它具有监督政府行为、提高政府绩效和改善政府形象等作用。从评价标准上看,目前对政府绩效的评价方法主要采用对政府活动及其结果进行评价,包括合规评价、效果评价、经济性评价、成本—效益评价、配置

效率评价以及公平性评价等。从性质上讲，对政府活动及其结果的评价，大多属于一种内部评价，是政府部门为提高自身的效率和责任而进行的自律式评价，这种评价对加强政府管理、明确管理职责是必要的。

公共基础设施是属于政府为完成受托责任、履行法定职能而为社会提供的重要公共服务产品。准确地核算、反映政府提供公共基础设施的水平，有利于科学地衡量评价政府绩效。健全政府会计核算体系、提供完善的政府财务报告信息，一方面能够提高基础数据的相关性，另一方面也能扩大作为政府绩效评价相关基础数据的数量，在质和量两方面都将促进政府绩效评价的精准化。

（5）有利于推动地方经济发展

公共基础设施建设是关系国计民生的重大问题，它是人们日常生活和从事经济活动不可或缺的公共产品，在改善投资环境和市场条件、改善地区经济结构、加快自然资源的开发和利用等方面发挥着重要的作用。

推进公共基础设施核算与报告工作，构建规范化的公共基础设施核算与报告体系，能够为公共基础设施的规划、投资与建设等决策提供信息支持，促进公共基础设施支出结构的优化和供给质量的提升，推动政府公共服务水平的持续提高，为地方经济发展增添助力。

1.1.2 问题界定

本书主要研究如何对公路资产进行财务会计核算、报告和预算会计核算、报告等问题，具体研究以下几个方面：

（1）构建公路资产财务会计核算规范体系

目前，交通运输主管部门、公路管理机构负责管理的公路资产，大部分并没有纳入到单位的财务会计核算体系当中；即使部分单位对此进行财务会计核算，他们也只是为了匹配筹集公路建设资金所形成的银行借款，将公路资产的一部分价值确认为相应的"无形资产""其他应收款"或者"代转销借款工程支出"等，也并没有将其确认为公路资产进行核算与报告。因此，公路资产并未在政府部门财务报告、政府综合财务报告中得以全面、完整地反映。

在以权责发生制政府财务会计核算为基础，以编制和报告政府资产负债表、收入费用表等报表为核心的权责发生制政府综合财务报告编制的过程中，构建公路资产财务会计核算规范体系，解决公路资产的确认、计量、记录和报告等问题，具有迫切的现实需求。

因此，构建公路资产财务会计核算规范体系是本书需要解决的关键问题。本书立足于编制权责发生制政府财务报告、建立政府会计准则体系的需求,结合现行公路资产的投资、建设与管理体制,通过设置与公路资产相关的财务会计科目、明确公路资产财务会计核算的规则与账务处理程序,构建公路资产的财务会计核算规范体系,以指导相关会计人员进行公路资产财务会计核算与报告工作,从而有助于政府会计主体生成全面、完整的公路资产信息,为政府财务报告的编制提供依据。

(2) 完善公路资产的预算会计核算

多年来,我国在政府会计领域实行的是以收付实现制为核算基础的预算会计标准体系,主要包括财政总预算会计制度、行政单位会计制度和事业单位会计制度等,这一体系是适应财政预算管理的要求建立和逐步发展起来的,为财政资金的运行管理和宏观经济决策发挥了重要的基础性作用。

虽然交通运输主管部门、公路管理机构等行政事业单位依据现有的预算会计体系,对与公路的投资、建设与管理等过程相关的财政资金拨付、使用情况进行了核算。但是,由于中央、省(自治区、直辖市)、市以及县级政府都有一定的财政预算资金投入,这些财政预算资金并没有在某一会计主体账务中得到完整的反映,现有的公路资产预算会计体系并不能真实、完整地反映所有财政预算资金的拨付、使用与结余情况,故需要对公路资产预算会计核算体系进行完善与优化。

因此,完善公路资产的预算会计核算是本书需要解决的另一重要问题。本书将通过设置与公路资产相关的预算会计科目,明确公路资产预算会计核算的规则与账务处理程序,以准确核算不同层级政府财政预算资金的拨付、使用与结余情况,进而客观、完整地反映财政预算资金运动的整个过程,为预算管理提供所需的信息。

(3) 协调公路资产核算的财务会计与预算会计双系统

本书所构建的公路资产会计核算体系,是在《权责发生制政府综合财务报告制度改革方案》《政府会计准则——基本准则》等指导下,设计全新的、自成系统的核算体系,是在同一公路资产会计核算系统中实现财务会计与预算会计的双功能,进而生成与公路资产相关的财务会计信息与预算会计信息。因此,如何协调公路资产核算的财务会计与预算会计双系统,使预算会计与财务会计既适当分离又相互衔接,实现公路资产核算的预算会计与财务会计并重,是本书需要解决的难题。

本书从公路资产的初始确认、后续支出、计提折旧、资产处置以及与公路资产相关的报告信息填报等层面,探讨公路资产财务会计与预算会计的平行记账方式、公路资产财务会计科目与预算会计科目的衔接、与公路资产相关报表之间的勾稽关系等问题,揭示公路资产的财务会计体系与预算会计体系的内在关联,促进公路资产核算的财务会计系统与预算会计系统之间的协调,进而为各级政府财政部门编制权责发生制政府综合财务报告和交通运输主管部门、公路管理机构编制财务报告以及进行成本核算奠定坚实的基础。

1.2 研究定位与目标

1.2.1 研究定位

(1) 前瞻性研究、推进政府会计理论研究

本书综合运用行政管理、公共财政和政府会计等相关理论,拓展了政府会计理论研究的视野,研究成果能够在"公共基础设施建设的多主体与主体多变更的财务会计核算理论、公共基础设施投资中的财权与事权错配状态的财务会计核算理论与财政体制变革理论、政府会计中的双基础与双系统协调理论"等方面推进政府会计理论研究。

(2) 适应中国国情、助力有关准则制度建设

多年来,我国在政府会计领域实行的是以收付实现制为核算基础的预算会计标准体系,由于缺乏统一、规范的政府财务会计标准体系,各级政府不能提供信息完整的政府财务报告。构建统一、科学、规范的政府会计准则体系,是推进权责发生制政府综合财务报告制度的前提和基础。其中,公共基础设施会计准则是政府会计准则体系的重要组成部分,本书的研究能够助力公共基础设施会计准则的制定。

(3) 问题导向、解决会计核算中的现实问题

公路资产在公共基础设施中具有代表性。本书着眼于各级政府及其部门对公路资产核算与报告的现实需求,致力于构建公路资产核算的财务会计体系,完善公路资产核算的预算会计体系,以全面、完整地反映公路资产的预算会计信息和财务会计信息。

1.2.2 研究目标

(1) 系统研究公路资产核算有关理论问题,完成公路资产会计核算的研究报告;

(2) 梳理公路资产核算现状,研究公路资产财务会计核算体系的构建和

预算会计核算体系的完善,为双系统的协调运行提供实践指导意见;

(3) 为江苏公路资产管理和核算提供理论支持和实践参考;

(4) 为国家对公路资产财政投资体制、公路建设体制、公路管理体制等体制改革提供建议。

1.3 研究价值

1.3.1 推进政府会计领域公共基础设施财务会计理论与预算会计理论的研究、加深行政与公共管理理论的认识

(1) 公共基础设施建设的多主体与主体多变更的财务会计核算理论探讨

本书探讨在公共基础设施建设的多主体与主体多变更情况下,如何对公共基础设施进行财务会计核算,研究成果能够拓展由多个会计主体共同服务同一项目模式下的公共基础设施财务会计核算理论研究。

(2) 公共基础设施投资中的财权与事权错配状态的财务会计核算理论探讨与财政体制变革理论的分析研究

本书针对公共基础设施投资中的财权与事权错配状态,探讨如何规范财政资金的拨付与使用、优化财政资金的核算模式、厘清地方政府性债务问题,有利于推进财务会计核算理论研究与财政体制变革理论研究。

(3) 政府会计中的双基础与双系统的协调研究

《政府会计准则——基本准则》构建了双基础与双系统的政府会计体系,即财务会计采用权责发生制,预算会计采用收付实现制。但是,在具体的会计核算中如何使预算会计与财务会计并轨运行有待进一步探讨。本书以公路资产为切入点探讨公共基础设施的财务会计与预算会计核算问题,有利于拓展政府会计中双基础与双系统协调的理论研究。

(4) 公共基础设施建设与管理中涉及的财政投资、公共管理理论思考

当前,在实践中存在公共基础设施的建设主体多元化、管理主体之间存在多种委托代理关系,以及公共基础设施的财权与事权界定不清等问题,本书将从理论上探讨这些问题的解决策略,有助于深化公共基础设施建设与管理中涉及的财政投资理论、公共管理理论的研究。

1.3.2 为《政府会计准则第5号——公共基础设施》的具体实施提供参考

《政府会计准则第5号——公共基础设施》的发布,为公共基础设施核算

与报告工作提供了依据。但是,从具体操作层面上来看还需要进一步规范细化。为了推进《政府会计准则第5号——公共基础设施》的顺利实施,明确公共基础设施会计处理的具体原则,亟须出台公共基础设施会计准则应用指南。本书以公路资产为例,针对公共基础设施的核算和报告进行研究,能够为《政府会计准则第5号——公共基础设施》应用指南的制定提供参考,为会计人员开展公共基础设施核算工作提供指导。

1.3.3　为公路资产以至公共基础设施核算和报告提供实践指导

(1) 奠定政府综合财务报告编制的基础

建立健全的政府会计核算体系,是编制权责发生制政府综合财务报告的基础。本书拟构建的公共基础设施会计核算体系,正是政府会计核算体系的组成部分,因此本书的预期成果将构成政府综合财务报告编制的基础。

(2) 推进权责发生制政府综合财务报告的科学编制

权责发生制政府综合财务报告的科学编制,依赖于全面、完整的政府会计信息。本书的研究成果能够为公路资产以至公共基础设施核算和报告提供实践指导,从而有助于弥补相关会计信息的缺失,为政府综合财务报告的编制提供基础数据。

(3) 促进政府会计部门为宏观决策和公共管理提供准确的会计信息

相关会计主体对公共基础设施进行核算与报告,能够为政府及其部门提供有关公共基础设施的预算会计和财务会计信息,从而为相关部门做出宏观决策和公共管理决策提供依据。

1.3.4　推动体制改革、管理模式优化与公共管理水平提高

(1) 推动行政体制改革

本书的研究有助于明确各级政府、交通运输主管部门、公路管理部门在公路规划、投资、建设、管理中的职责,理顺交通运输主管部门、公路管理部门以及地方融资平台之间的关系,进而推动行政体制改革。

(2) 推进财政体制、基础建设投资体制、公共管理模式的变革与优化

本书的研究成果预期能够反作用于现行公共基础设施的财政投资体制、建设体制与管理体制,推进公共基础设施投资体制、建设体制与公共管理模式的变革与优化。

(3) 推动政府公共服务水平的提高

本书研究成果将促进公共基础设施会计信息的生成,为公共基础设施的规划、投资与建设等决策提供支持,进而有助于优化公共基础设施的支出结

构,提升公共基础设施的供给质量,推动政府公共服务水平的提高。

(4) 推动政府资产管理水平的提升

本书的研究成果有助于政府加强对公共基础设施的日常会计核算,实现对公共基础设施价值管理与实物管理的并重,以全面、真实地掌握公共基础设施状况,从而提升政府资产管理水平。

(5) 推动地方政府债务风险控制水平的提升

本书的研究成果能够为政府及其部门提供有关公共基础设施的预算会计和财务会计信息,将公共基础设施资产与相关的政府债务相匹配,有助于了解地方政府负债规模、结构以及变化趋势,识别与判断政府当期及未来中长期债务风险水平及可控程度,进而将地方政府债务风险控制在合理范围。

(6) 充分运用公共基础设施价值,助力地方经济发展

公共基础设施建设是关系国计民生的重大问题,在改善投资环境和市场条件、改善地区经济结构、加快自然资源的开发和利用等方面发挥着重要的作用。

本书的研究成果能够为公共基础设施的规划、投资与建设等决策提供信息支持,促进公共基础设施支出结构的优化和供给质量的提升,为地方经济发展增添助力。

1.4 主要研究内容、技术路径与计划安排

1.4.1 主要研究内容

本书立足于权责发生制政府综合财务报告编制和政府会计基本准则的要求,结合现行公路资产的投资、建设与管理体制,致力于构建公路资产核算的财务会计体系,完善原有公路资产核算的预算会计体系,以实现预算会计和财务会计的协调与并重。具体围绕以下九个方面展开:

(1) 研究背景分析

本部分首先对江苏省公路基本情况、公路投资体制、公路建设模式、公路管理体制以及公路资产核算现状进行分析,厘清公路资产核算与报告所面临困难与挑战,进而准确定位本书需要解决的问题。

(2) 理论基础与制度依据

本部分首先基于公共产品理论、公共受托责任理论等探讨公路资产的特性;其次,梳理出与公路相关的法规制度,以及与会计核算和报告相关的法规

制度,以此作为本书研究的理论基础和制度依据。

(3) 国际经验借鉴

本部分根据研究内容,基于会计主体、会计对象、会计确认、会计计量、会计记录和会计报告等角度,从国际公共部门会计准则,美国、英国、法国、澳大利亚等相关实践中,归纳出可资借鉴的经验。

(4) 公路资产的会计主体研究

本部分主要解决"谁来核算"的问题。本部分探讨基于公路资产不同权利主体的会计主体选择、基于规范化会计核算体系设计与现行公路管理体制制约的会计主体确定,在此基础上,尝试设定公路资产会计主体的确定原则,并对公路资产的会计主体进行具体界定。

(5) 公路资产的会计对象研究

本部分主要解决"核算什么"的问题。本部分首先从所有权、资产管理权角度探讨会计对象的确定,然后从会计对象的确定与现行公路管理体制协同、会计对象的组成与公路管理体制的协调等方面进行探讨,在此基础上尝试对公路资产的会计对象进行界定。

(6) 公路资产的确认研究

本部分首先从公路资产的建设、管理特性入手,探讨确认中存在的问题,然后进一步具体探讨增量公路资产、存量公路资产、公路资产不同养护活动支出、公路资产建设形成利息的资本化、公路资产的折旧与处置等确认问题,从而明确公路资产会计确认的条件和时点。

(7) 公路资产的计量研究

本部分首先从理论上探讨公路资产的计量与财政管理体制、公路建设与管理体制的协调问题,在此基础上,分别探讨增量公路资产初始计量、存量公路资产的初始计量、日常养护的计量、大中修的计量、改扩建的计量、累计折旧的计量以及资产处置的计量等问题。

(8) 公路资产的记录研究

本部分分别对不同的公路资产会计主体,在处理与公路资产相关的投资、筹资、建设、维护管理等各个环节业务时,如何同时进行预算会计核算和财务会计核算进行研究,并致力于构建公路资产核算的财务会计体系、完善原有公路资产核算的预算会计体系,以实现预算会计和财务会计的协调与并重。

(9) 公路资产的报告研究

本部分首先从政府资产负债表中公路资产项目的列报、决算报告中公路资产相关资金项目的列报,以及公路资产实物报告等三个方面进行探讨,希望能够通过政府资产负债表、决算报表和公路资产实物报告全面反映与公路资产相关的信息。在此基础上,对公路资产相关报告的编制与汇总问题做进一步探讨。

1.4.2 研究思路与技术路径

本书的研究思路拟按照以下步骤展开:

第一步:文献梳理。运用文献研究法,搜集、整理和归纳与"公路资产核算与报告规则""公共基础设施核算与报告规则"相关的研究文献,掌握现有的研究动态,取得对本研究形成支撑的基本资料,构成本书的研究基础。

第二步:实地调研与问卷调查。本书拟以江苏省交通运输厅、江苏省交通运输厅公路局、江苏省高速公路经营管理中心以及各地公路管理部门、地方融资平台公司、公路经营企业等单位为实地调研与问卷调查对象,主要目的是了解和掌握公路资产的投资体制、建设模式、管理体制以及公路资产核算与报告的现状。

第三步:调研梳理与问题分析。根据实地调研和问卷调查所获得信息,对现行的公路投资体制、建设模式、管理体制以及公路资产核算与报告情况进行梳理,并进一步探讨现行公路体制、公路资产核算与报告所存在的问题及其形成的原因。

第四步:经验借鉴。从国际公共部门会计准则,美国、英国、法国、澳大利亚等相关实践中,梳理出国际上公路资产核算与报告的现行做法,归纳出可资借鉴的经验。

第五步:理论剖析。从理论上剖析在公路资产的所有权、管理权与经营权相分离的情况下,如何结合公路资产的投资特性、建设特性和管理特性等,规范公路资产的会计主体、会计对象、确认和计量原则、记录与列报要求等事项。

第六步:构建核算模式。在上述研究的基础上,综合考虑规范化会计核算体系设计与现行公路管理体制制约,探讨会计主体、会计对象、会计确认、会计计量、会计记录和会计报告的标准与方法。

第七步:收集反馈意见,形成完整的核算体系。本书从会计主体、会计对象、会计确认、会计计量、会计记录和会计报告等方面构建公路资产会计核算与报告体系。针对所构建的公路资产核算与报告体系,组织专家论证,并与相关实务单位进行交流,收集反馈意见。结合反馈意见,进行修改与完善,最终形成完整的公路资产核算与报告体系。

综上所述，本书研究的技术路径如图1-1所示：

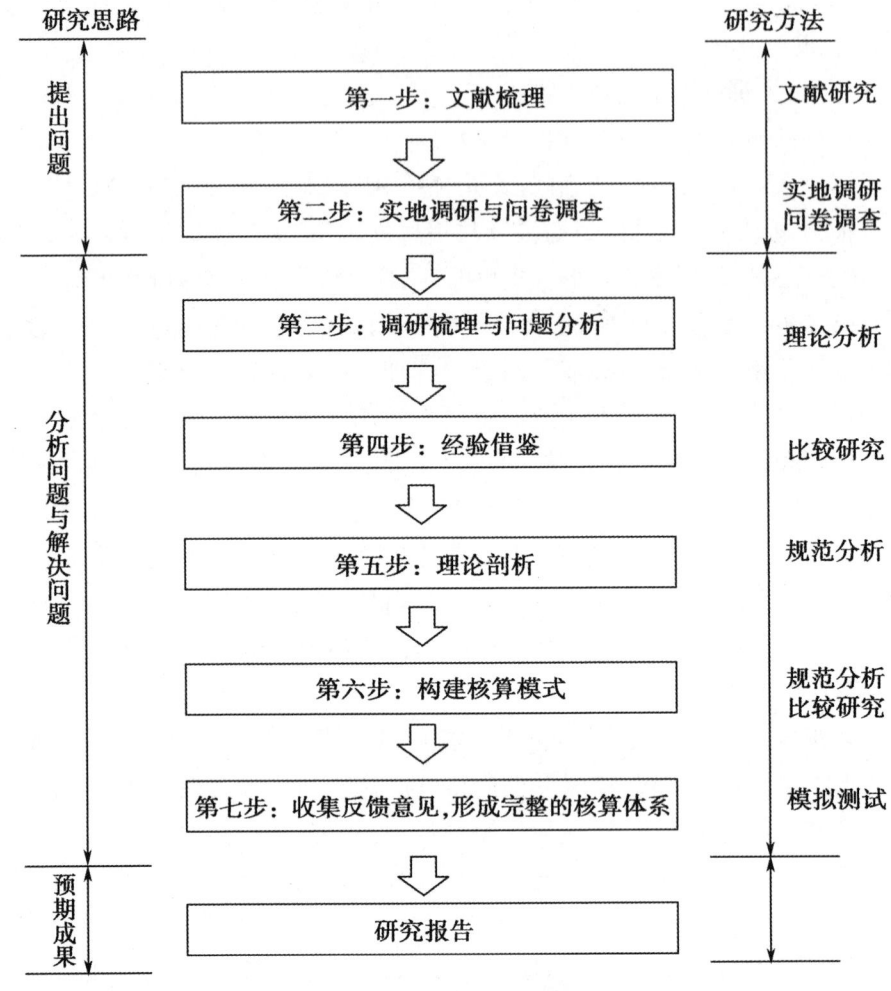

图1-1 本书研究的技术路径

1.5 研究保障体系

（1）多领域、多部门的协作

本研究的相关人员分布在不同领域、不同部门的重要领导岗位，相关人员掌握了翔实的实践资料和经验数据，能够顺利开展田野调查、模拟测试与试点工作，避免纸上谈兵。

(2) 理论基础扎实

学术研究团队人员都是专职科研人员或专职科研与教学岗位人员,由教授、副教授、讲师、博士生和硕士生组成,研究团队是一支理论基础扎实、学术思想活跃的科研队伍。

(3) 科研条件优越

东南大学作为国家首批建设的若干所重点大学之一,国家和所在省给予了较大的经费支持,现在我们有完备的计算机、数码录音机、打印机、复印机等各种科研设备和图书资料以及网络通讯条件,而且我校成立的高级文科研究院也为我们提供了优越的科研条件。

(4) 获得重要政府部门的大力支持

江苏省财政厅和交通运输厅大力支持本项目研究,并具有整合科研资源、调动财政资源、促进项目研究的能力和手段,能够为本项目收集一些密切相关的资料和数据,并能帮助项目组与相关单位建立良好的合作关系,为本项目研究在江苏省属部分地市中展开多项调查研究和研究成果的局部模拟测试奠定了良好的工作基础。

第 2 章 研究背景分析

2.1 公路基本情况分析

2.1.1 公路分类说明

(1) 按技术等级划分

根据《中华人民共和国公路法》、《公路工程技术标准》(JTG B01-2014)的规定,公路分为高速公路、一级公路、二级公路、三级公路和四级公路等五个技术等级。

(2) 按行政等级划分

根据《中华人民共和国公路法》的规定,公路按其在公路路网中的地位分为国道、省道、县道和乡道,其中县道和乡道为农村公路。

(3) 按是否收费划分

《中华人民共和国公路法》明确规定,只有符合国务院交通运输主管部门规定的技术等级和规模的公路,才可以依法收取车辆通行费。收费公路主要有三类,即:由县级以上地方人民政府交通运输主管部门利用贷款或者向企业、个人集资建成的公路;由国内外经济组织依法受让前项收费公路收费权的公路;由国内外经济组织依法投资建成的公路。因此,公路又可以按照是否收费分为非收费公路和收费公路两大类。

公路的类别取决于分类的角度,不同的分类方式侧重点有所不同,反映了公路在某些方面的特性。根据行业管理习惯,一般综合技术等级和行政等级,将公路分为高速公路、普通国省道和农村公路三大类。

2.1.2 全国公路概况

(1) 发展现状

截至 2015 年底,全国公路总里程达到 467.73 万 km,公路密度为

47.68 km/百 km²,公路养护里程为 446.56 万 km,占公路总里程 97.6%。全国等级公路里程 404.63 万 km,占公路总里程的 88.4%,二级及以上公路里程 57.49 万 km,占公路总里程 12.6%。其中,高速公路 12.35 万 km,一级公路 9.10 万 km,二级公路 36.04 万 km。国道 18.53 万 km,其中,国家高速公路 7.96 万 km,普通国道 10.58 万 km。

(2) 发展规划

我国公路未来发展要满足适应经济社会发展、促进城乡区域协调发展、提高应急保障能力、构建综合交通运输体系、实现公路可持续发展的需求。根据《国家公路网规划(2013—2030)》的指导,我国公路规划目标是形成布局合理、功能完善、覆盖广泛、安全可靠的国家干线公路网络,实现首都辐射省会、省际多路连通、地市高速通达、县县国道覆盖;1 000 km 以内的省会间可当日到达,东中部地区省会地市可当日往返,西部地区省会到地市可当日到达;区域中心城市、重要经济区、城市群内外交通联系紧密,形成多中心放射的路网格局;有效连接国家陆路门户城市和重要边境口岸,形成重要国际运输通道,与东北亚、中亚、南亚、东南亚的联系更加便捷。

2.1.3 江苏公路概况

(1) 江苏公路发展的历史沿革

改革开放以前,江苏省经济基础薄弱,全省处于工业化初期发展阶段,且长期处于计划经济的体制环境下,受宏观社会经济背景的影响,人们对交通运输的基础性和先导性作用认识不够,导致公路投资严重缺乏。总体来看,改革开放以前,江苏省公路建设相当落后,难以满足服务社会经济发展的要求[①]。

改革开放以来,江苏公路事业走上了全面发展的轨道。从 1987 年开始,江苏省利用"贷款修路,收费还贷"的政策,发展收费公路,极大地加速了公路建设和改造的步伐。同时,贯彻"统筹规划,条块结合,分层负责,联合建设"的方针,改革了投融资体制,走出了一条"国家投资、地方筹资、社会融资、利用外资"的新路,初步实现了公路投资多元化。

从 20 世纪 90 年代开始,江苏公路建设步入了持续、快速发展的轨道。1992 年,江苏宁沪高速公路股份有限公司、江苏扬子大桥股份有限公司等公路经营企业成立,这标志着江苏在收费经营方面开始进行积极的尝试和探

---

① 王雪非,宋林飞,潘永和. 江苏公路:率先迈向基本现代化[M]. 北京:人民交通出版社,2007;

陈胜武,陈一鸣. 关于江苏干线公路发展的思考[J]. 现代交通技术,2010(52):346-350.

索;1992年,沪宁高速公路开工拉开了江苏高速公路建设的序幕;1996年建成的沪宁高速公路江苏段(258 km),则标志着江苏高速公路实现了零的突破,成为全国第十个拥有高速公路的省份;"十五"期间,高速公路建设进入高速发展期,2006年12月底,江苏省高速公路二轮规划正式启动,新的建设管理模式开始实施,高速公路建设速度开始放缓。同高速公路快速增长的变化趋势不同,普通国省干线总体在保持通车里程稳中增长的情况下,技术等级不断提高。此外,1993年,江苏省交通运输厅编制了《1991—2020年江苏省干线公路网建设规划》;1996年完成了第一轮《江苏省高速公路网规划研究》和《江苏省南北公路通道规划研究报告》,初步构筑了江苏省高等级公路的主框架。

进入本世纪,江苏公路在"畅通主导、安全至上、服务为本、创新引领"的方针指引下,积极创新、努力拼搏,各项工作不断取得新进展。江苏省交通运输厅进一步加大了规划的力度,从2001年开始陆续出台了第二轮《江苏省高速公路网规划研究(2003—2020)》《江苏省省道网调整方案(2001—2020)》《江苏省干线公路发展规划研究(2003—2020)》《江苏省农村公路发展战略》《江苏省农村公路发展规划研究(2001—2020)》,从不同角度构筑了未来公路发展的路网层次框架,形成公路发展的指导文件。

自2003年以来,在《省政府办公厅关于转发省交通厅江苏省省道网调整方案的通知》(苏政办发〔2003〕5号)(以下简称《调整方案》)的指导下,江苏省省道公路网在规模总量和服务能力方面取得了长足进步。《调整方案》的实施,极大缓解了江苏省公路运输压力,有效提高了路网服务和安全保障水平,加强了区域联系,改善了投资环境,有力促进了江苏省经济社会持续健康地发展。截至2008年,江苏省第一轮高速公路网规划完成。

2013年江苏省政府发布《关于实施农村公路提档升级工程的意见》(苏政发〔2013〕27号),农村公路提档改善工程全面开展,农村公路建设稳步推进。"十二五"期间,在省财政厅的大力支持下,江苏省每年建设完成的农村公路总里程呈现上升趋势,由2011年的3 593 km上升至2015年的5 840 km,年均增长率超过12%,保证了提档升级工程的稳步推进。预计到"十三五"期末,江苏省农村公路建设将实现以下目标:一是,完成省政府提出的2013—2018年新改建农村公路3.4万km,改造四、五类桥梁1万座的阶段性目标;二是,2020年行政村双车道四级公路覆盖率不小于90%,农村公路三类及以上桥梁比例指标不小于90%;三是,全省乡村道中双车道四级公路占比不低于38%。

(2) 江苏公路的路网结构

随着经济体制改革的不断深入和国民经济的快速发展,江苏省公路交通事业取得日新月异的成绩。截至 2015 年底,江苏省公路总里程达到 15.88 万 km,公路总密度为 154 km/百 km^2,其中,高速公路里程 4 539 km,一级公路 12 687 km,二级公路 22 945 km;普通国省道 10 411 km,农村公路 143 855 km,收费公路 7 205.6 km,占公路总里程的 4.5%。在收费公路中,高速公路 4 244.4 km,一级公路 2 739.3 km,独立桥梁 221.9 km,分别占收费公路里程的 58.9%、38%和 3.1%。

全省实现 10 万人口节点 30 min 上高速,相邻县通一级公路、县到乡镇通二级公路、乡镇到行政村通三级公路以及相邻行政村之间基本以四级公路连通。高速公路实现联网畅通,每个省辖市均有高速公路相连,覆盖了全省 90% 以上的县级地区。苏中、苏北地区,高速公路网密度分别达到 3.23 km/百 km^2 和 2.86 km/百 km^2,苏北、苏中落后、闭塞的交通状况得到了根本性改变;而苏南经济发达地区的高速公路密度已经达到或接近发达国家水平。

江苏省公路的路网结构如表 2-1 所示:

表 2-1 江苏省路网结构表

分类标准	类别	里程(km)
技术等级	高速公路	4 539
	一级公路	12 687
	二级公路	22 945
	三级公路	15 862
	四级公路	95 427
	等外公路	7 346
行政等级	国道	5 600
	省道	9 350
	县道	23 625
	乡道	52 806
	专用公路	166
	村道	67 258

续表

分类标准	类别	里程(km)
是否收费	收费公路	7 205.6
	非收费公路	151 599.4
综合分类	高速公路	4 539
	普通国省道	10 411
	农村公路	143 855

2.1.4 江苏公路的发展规划

(1) 江苏公路的发展定位

公路运输在各种交通运输方式中最为方便、灵活、快捷和高效。在全省城镇化水平持续提高、产业结构不断调整优化、综合交通运输体系加快构建以及江苏沿海开发上升为国家战略的大背景下，构建布局合理、功能完善、衔接顺畅、安全高效的现代化综合交通运输体系，对提升交通运输对经济转型升级发展的服务保障作用十分重要，也是引导和支撑经济社会转型发展，充分适应全面建成更高水平小康社会和率先基本实现现代化的需要。

(2) 江苏公路"十三五"总体发展规划

"十三五"时期，江苏将构建现代综合交通运输体系，继续完善现代基础设施支撑体系，促进生产要素高效配置，引导产业人口优化布局，为"两个率先"提供支撑保障。以高速快速铁路、高速公路、高等级航道为骨干，打造"四纵四横"综合运输大通道；以各种交通运输方式深度衔接为重点，打造一体化无缝衔接的综合交通枢纽体系；优先发展轨道交通，重点建设苏中、苏北快速干线铁路网和跨江通道，强化铁路干线、城际铁路、市域（郊）铁路和城市轨道的有机衔接，实现快速铁路网覆盖 80% 左右县级以上城市，形成"2 小时江苏"快速交通圈；完善广覆盖的公路网，提高瓶颈路段通行能力，打通省际干线公路，加快经济相对薄弱地区和集中连片贫困地区的公路建设，加快实施农村公路提档升级工程，持续提升运输能力和服务水平。

2.1.5 江苏公路的战略与战术价值分析

(1) 江苏公路在全国路网中的战略地位

江苏地处长三角地区，面积 10.26 万 km^2，GDP 总量连续多年居全国第二。公路是江苏综合交通运输体系的基础和率先发展的行业。在收费公路政策的有力支撑下，江苏已在全国率先基本形成"能力充分、衔接顺畅、结构合理、技术先进"的现代化公路网络体系。与此同时,江苏公路管理养护水平不断提升,从"九五"的全国第七连续争先进位至"十五"全国第二、"十一五"全国第一,持续走在全国前列。江苏省公路客运量和客运周转量、高速公路总里程和密度以及农村公路建设等各项重要指标均在全国各省市前列。

江苏以贯彻落实科学发展观为统领,以服务"两个率先"总体战略为宗旨,以保障和改善民生为出发点,以加快公路行业转型发展为主线,统筹规划、合理布局,促进综合交通运输体系构建,有效降低物流成本,更好地满足人民群众日益提高的出行需求,全力支撑长江三角洲一体化和沿海开发两大国家战略,不断提高公路网络容量和服务水平,加强江苏省与周边省、市间交通服务与支撑保障能力,为满足产业升级所诱增的通道性交通需求发挥着中坚作用。

(2) 江苏公路在地区经济发展中的价值

江苏公路网作为综合交通运输体系的重要组成部分,是我省经济社会发展的重要基础设施保障。2016年全年预计公路旅客运输量为113 494万人,占全国总量的7.26%;旅客周转量为7 799 808万人·km,占全国总量的7.58%;货物运输量为117 166万t,占全国总量的3.48%;货物周转量21 403 315万t·km,占全国总量的3.50%。2016年全年预计完成公路水路交通固定资产投资5 550 416万元,占全国总量的2.82%。2016年末全省民用汽车保有量1 247.9万辆,净增143.9万辆,比上年末增长13.0%。

江苏公路网络的建设完善,在形成快速交通圈的过程中发挥了重要作用,道路通行能力的提高,为持续提高运输能力和服务水平打下基础,加强了中小城市与中心城市的快速交通联系,改善了中小城市和小城镇的交通条件,有利于经济相对薄弱地区和集中连片贫困地区的建设发展,也为积极发展多式联运、强化国际贸易和区域中转运输系统建设做出了巨大贡献。

(3) 江苏公路在全国交通、经济发展中的价值

按照交通运输部的要求,构建以高速路为主体的收费公路体系和以普通路为主体的非收费公路体系是我国公路交通发展的方向。我国"十三五"规划纲要指出要坚持网络化布局、智能化管理、一体化服务、绿色化发展,建设国内国际通道联通、区域城乡覆盖广泛、枢纽节点功能完善、运输服务一体高效的综合交通运输体系。

当前,江苏省公路交通在路网总量和布局稳定、公路供给能力适应的良好基础上,高点定位、高点起步,基本实现了"从基础产业向现代服务业、从行

业行为向政府行为社会行为、从适应经济发展向引领经济发展、从公路交通发展向综合交通发展、从传统管理方式向智能化信息化管理"五个根本性转变,初步构建了一个"安全、畅通、智慧、高效、绿色"的现代化公路网络和服务体系。

在长江三角洲一体化和沿海开发两大国家战略指引下,江苏坚持适度超前、综合发展、提升效率的原则,不断优化国道、省道公路网络,特别是服务快速城市化地区的公路网络,提高公路网络的整体覆盖率和服务水平,实现公益性基础服务,促进生产要素高效配置,引导产业人口优化布局,为"两个率先"提供支撑,保障经济社会发展和人民生产生活需求。

2.2 公路投资体制分析

2.2.1 高速公路投资体制

江苏省高速公路投融资主要采用市场化方式,由企业作为投融资主体,负责投资建设。高速公路的投融资主体有两类:一类是省级投融资主体,即江苏交通控股有限公司(含江苏省高速公路经营管理中心);另一类是市县投融资主体,主要在南京市、苏州市和常州市。江苏交通控股有限公司下辖39家企事业单位,其中宁沪、京沪高速公路等路桥企业18家,江苏远洋运输、省铁路公司和航空产业集团等非路桥企业18家,事业单位3家,即江苏省高速公路经营管理中心、江苏省镇扬汽车轮渡管理处、江苏省通沙汽车轮渡管理处。江苏交通控股公司所属高速公路管理单位既有企业性质也有事业性质,企业单位负责经营管理经营性高速公路,事业单位负责管理收费还贷高速公路。

在1996年国家投资体制改革提出交通基础设施项目资本金不低于总投资的35%的要求后,江苏省政府明确了高速公路项目资本金由省市共同承担的高速公路融资体制。2002年,江苏省对省市高速公路项目资本金承担比例进行了调整,降低了地方资本金出资比例,苏南地区高速公路省与地方资本金出资比例调整为70∶30,苏中地区为80∶20,苏北地区全额由省级出资。2013年,又对高速公路建设资本金和地方出资比例进行调整,项目资本金占总投资比例由原来的不低于35%提高至不低于40%,苏南地区地方资本金出资比例由原来的30%提高至40%,苏中地区地方资本金出资比例由原来的20%提高至30%,苏北地区地方资本金出资比例提高至10%。

2006—2015年江苏省计划内高速公路项目总投资1 965亿元。其中：中央资金52亿元、省公路建设资金19亿元、交通控股公司375亿元、高管中心51亿元、市主体投入106亿元、市配套105亿元；国内贷款1 257亿元。

江苏省高速公路投资资金来源如表2-2所示：

表2-2 江苏省高速公路投资资金来源表

公路类型	资金性质	资金来源
高速公路	资本金	中央车购税
		省级交通规费
		交通控股公司自筹
		市县级财政投入
		市县级投融资主体投入
	国内贷款	银行贷款/其他债务

2.2.2 普通国省道投资体制

普通国省道按照"统筹规划、条块结合、分层负责、联合建设"的总体要求，由省负责国省道公路建设的资金计划，地方负责工程实施的管理和配套资金，地方政府按照职责分工负责工程概算经费配套。江苏省对普通国省道建设进行定额补助，补助占比在10%～30%之间，实际补助标准受到地域、公路技术等级、公路建设类型等因素的影响。省级补助资金由省交通运输厅公路管理局按照年度建设计划拨付给市公路管理处，市公路管理处根据省补资金到位情况、工程进度和国省道质量考核情况按季度拨付各县级人民政府。但是，这种资金拨付方式，从2017年开始逐步过渡为由财政转移支付从省财政转移到各市县财政。

2006—2015年普通国省道建设累计完成投资1 415亿元，其中省补资金584亿元（含中央补助资金119亿元），占总投资的41.3%，地方配套831亿元，占总投资的58.7%。

江苏省普通国省道投资资金来源如表2-3所示：

表 2-3　江苏省普通国省道投资资金来源表

公路类型	资金性质	资金来源
普通国省道	中央补助资金	车购税
		燃油税
	省级补助资金	通行费
		省级财政资金
	地方配套资金	地方财政资金
		银行贷款

2.2.3　农村公路投资体制

农村公路的建设主体为各县乡人民政府，对于县乡人民政府的配套投资，各个地区的做法存在一定的差异，既有由县级政府按照一定的标准承担部分费用，其余由乡政府承担的情形；也有由县级政府承担主要费用，乡政府补助一定资金以及劳力用工等情形。

农村公路省补建设资金自 2013 年后从省财政厅转移支付到市县财政部门，养护资金自 2015 年开始也转移支付至市县财政，一般除了省补资金以外，其余资金由地方政府负责筹集。"十二五"期间，江苏省农村公路建设规模 23 715 km，桥梁建设 7 390 座，总投资合计 238.86 亿元，其中省补资金 106.66 亿元，占 44.7%，地方配套占 55.3%。仅 2013—2015 年，江苏省农村公路总投资 156.05 亿元，共安排省补助资金 73.29 亿元，其中中央车购税 16.32 亿元，省级专项 49.35 亿元，省财政安排 7.62 亿元。

为持续推进农村公路提档升级工程，省补标准将进一步提升，扶贫地区项目补助标准拟提高 120%，即省补资金占建安费的比例由调整前的 25% 提高到 60% 左右；苏北五市项目补助标准拟提高 100%，即省补资金占建安费的比例由调整前的 25% 提高到 50% 左右；沿江五市项目补助标准拟提高 100%，即省补资金占建安费的比例由调整前的 20% 提高到 40% 左右。

江苏省农村公路投资资金来源如表 2-4 所示：

表 2-4 江苏省农村公路投资资金来源表

公路类型	资金性质	资金来源
农村公路	中央补助资金	车购税
	省级补助资金	省级专项资金
		省级财政资金
	地方配套资金	地方财政资金
		银行贷款
	自筹资金	村委会自筹资金

2.3 公路建设模式分析

2.3.1 高速公路的建设模式

江苏高速公路建设实行省政府领导、省交通运输厅监管下的省交通工程建设局负责制,地方各级政府协同保障,省有关部门协作支持,共同推进项目建设。对于省级管理经营性高速公路,采取"省领导小组决策、省交建局监管、公司筹资、市高指建设"模式。省政府成立高速公路领导小组,作为全省经营性高速公路的最高决策机构,制定高速公路发展的相关政策及宏观目标,进行投资决策,负责建设计划的审批。省政府下设高速公路建设指挥部负责高速公路的建设管理,2009年,省政府在高速公路建设指挥部基础上组建江苏省交通工程建设局(简称"省交建局"),作为全省经营性收费高速公路的建设管理机构由省交通运输厅管理。

省交建局受政府委托,作为项目建设主体,代表业主负责全省交通工程(主要指高速公路工程项目,少数改扩建项目和个别市项目除外)的建设管理,是工程项目的建设期法人,对工程进度、质量、安全及投资负总责。为配合省交建局的工作,建立分级负责的高速公路管理体制,江苏13个市都成立了市高速公路建设指挥部(简称"市高指"),负责辖区内高速公路的建设管理,接受省交建局的委托,对高速公路建设进行具体组织管理。苏州、南京、常州等地方投资主体直接管理的经营性高速公路主要由市高指负责建设管理。省交通运输厅对省交建局承担行业管理职能,具体负责编制实施高速公路规划、组织报批等前期工作以及对工程质量、安全、廉政等进行行业监管。

江苏交通控股有限公司是国资委领导下的国有企业,是全省高速公路建设投资主体,负责组建项目公司,筹集建设资金,根据工程进度按期足额拨付建设资金,实施项目交付后的运营管理。

高速公路建设模式如图 2-1 所示:

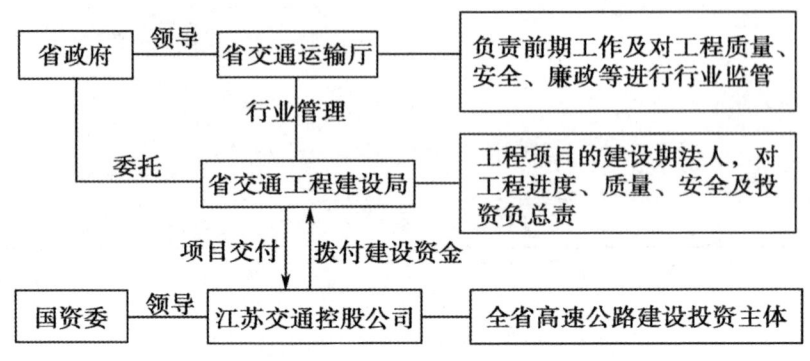

图 2-1 高速公路建设模式

2.3.2 普通国省道的建设模式

普通国省道建设按照"统筹规划、条块结合、分层负责、联合建设"的总体要求,由省负责国省道建设的规划、前期工作、资金计划、质量监管以及竣工验收,工程实施的管理和配套资金由地方负责。

由于各个地区的资金筹集方式不同,各个工程项目的建设模式也存在差异,往往一个地区存在多种建设模式。总的来说,主要有以下几种模式:

(1)市局直管模式:由市交通运输局组建建设单位,负责国省道征地拆迁、工程质量、安全、投资、进度、管理等工作;

(2)市县共建模式:市公路管理处与区县配合,例如市公路管理处抽调工程技术人员成立项目办,负责工程的质量、安全管理工作,区县负责征地拆迁工作;

(3)地方政府为主,市处行业管理模式:由市县政府建设,负责项目管理机构组建、征地拆迁及工程建设管理,市公路管理处负责行业管理工作;

(4)代建模式:项目管理公司仅负责融资,施工单位负责施工,通过招标选择代建单位成立工程指挥部负责工程建设管理,市公路管理处要求工程指挥部机构设置及主要的管理人员资质符合相关规定,市公路管理处可选派人员参与项目过程管控。

2.3.3 农村公路的建设模式

根据《中华人民共和国公路法》,县级以上地方人民政府交通运输主管部门主管本行政区域内的公路工作,乡、民族乡、镇人民政府负责本行政区域内的乡道的建设工作。一般而言,农村公路的建设主体为各县乡人民政府,即农村公路的建设全权由地方负责。

具体来说,县道网规划,由县级人民政府负责,省级人民政府批准;乡道由乡级人民政府规划,县级人民政府批准。县道建设由县一级人民政府负责,乡道建设由乡一级人民政府负责。农村公路建设模式如图2-2所示。

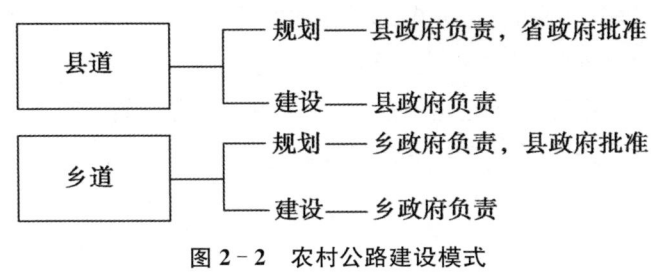

图2-2 农村公路建设模式

2.4 公路管理体制分析

2.4.1 公路管理的权责划分

按照"统一领导,分级管理"原则,江苏省形成了省、市、县三级"条块结合"的公路管理体制基本框架。公路管理呈现层次化的特点,不同的部门各自承担相应的权责,在整个管理体系中发挥不同的作用。具体而言:

(1) 交通运输主管部门的管理权责

根据省人民政府办公厅苏政办发〔2000〕131号文关于省交通运输厅"三定"方案的规定,省交通运输厅负责有关政策法规、规划计划、标准规范的制定、组织实施和监督执行;组织实施重大公路工程建设以及建设和养护的行业管理;负责全省公路路政管理和交通规费稽征管理;组织、协调或参与公路建设资金的筹集和调控;负责和指导全省公路行业的安全生产管理;组织和推动公路行业技术进步;指导公路行业行政执法和行业体制改革;以及其他行业管理等等。

总体来说,江苏省交通运输厅负责辖区内公路的建设、养护和管理,具体管理工作由交通运输厅下设的公路局、高速公路管理局等机构负责;各地市以下机构基本与省级机构对应设置,地市级、县级政府设交通运输局,在地市级交通运输局下设公路管理处;县级交通运输局下设公路管理站。特别的,扬州、泰州、南通三市实行垂直管理,市公路管理处下设公路管理站。

（2）公路管理机构的管理权责

根据省交通运输厅苏交政〔2000〕309号文关于厅公路局"三定"方案的规定,厅公路局受省交通运输厅委托,承担全省国省干线公路的建设、养护和管理工作;负责全省农村公路的建设、管理养护的行业管理工作;负责全省普通公路车辆通行费征收站点行业管理和通行费征收管理;负责全省普通公路的路政管理、超限运输治理、标志标线管理以及公共服务与应急工作。

根据苏编办复〔2014〕117号文件,省高速公路管理局(简称"省高管局")同时挂江苏省高速公路交通运输执法总队牌子。省高管局依法履行全省高速公路的路政管理、路网管理、道路运输监督检查,以及养护、经营服务、收费的监督管理工作。

依据《公路安全保护条例》,县级以上地方人民政府交通运输主管部门主管本行政区域内的公路工作,可以决定由公路管理机构依法行使公路行政管理职责。公路管理机构应当按照国务院交通运输主管部门规定的技术规范和操作规程对公路进行养护,保证公路经常处于良好的技术状态。

实际上,江苏省自1978年机构改革以后,地市公路管理处接受省级公路管理机构和市交通局的双重领导,主要规章制度标准的制定和修订由省负责,干部配备由省地会商、地市任命,形成了省、市、县三级公路管理机构体系。

江苏省公路管理体制如图2-3所示。

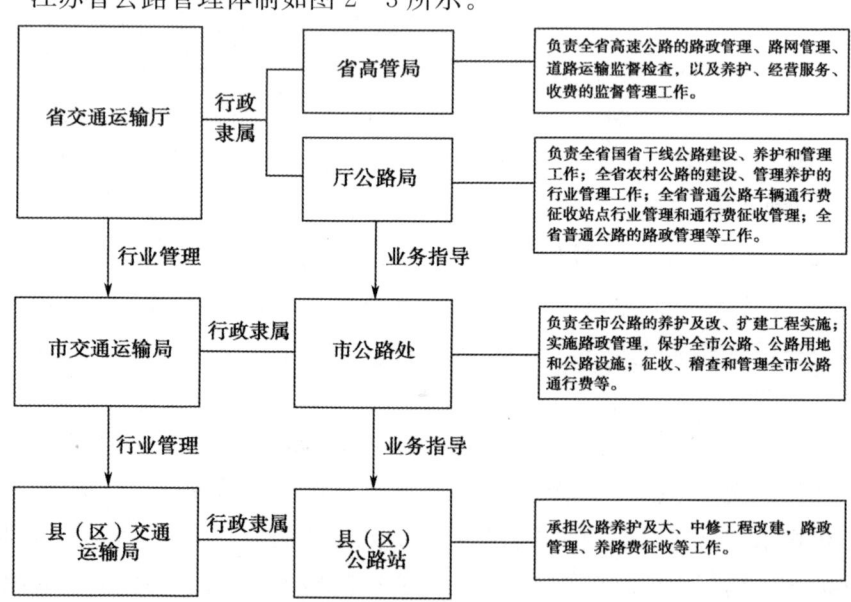

图2-3 江苏省公路管理体制

2.4.2 高速公路的管理模式

江苏省交通运输厅负责全省高速公路的规划、建设前期工作和行政管理;江苏交通控股有限公司作为国有企业代表政府投资和经营高速公路。其中:政府还贷性高速公路由高速公路经营管理中心负责,高速公路经营管理中心作为事业单位,隶属于江苏交通控股有限公司。需要注意的是,尽管高速公路经营管理中心是事业性的高速公路经营管理单位,但其并不是高速公路管理机构。

此外,苏州、南京、常州等地方投资主体直接管理的高速公路项目,由各市政府或交通主管部门下属的高速公路公司负责运营。

江苏省高速公路管理局是江苏省交通运输厅下属单位,负责全省高速公路的路政管理、路网管理、道路运输监督检查,以及养护、经营服务、收费的监督管理工作。

高速公路管理模式如表2-5所示。

表2-5 高速公路管理模式

管理主体	主要职责
江苏省交通运输厅	全省高速公路的规划、建设前期工作和行政管理
江苏省高速公路管理局	全省高速公路的路政管理、路网管理、道路运输监督检查,以及养护、经营服务、收费的监督管理工作
经营主体	主要职责
江苏省高速公路经营管理中心	负责政府还贷性高速公路的投资、经营和养护工作
各高速公路经营管理单位	负责经营性高速公路的投资、经营和养护工作

2.4.3 普通国省道的管理模式

普通国省道的建设、养护和管理,由省交通运输厅统一决策和领导,设三级公路管理机构(厅公路局、市公路处、县公路站)。厅公路局受交通运输厅委托负责行业管理,各市公路处具体组织实施,各县公路站在本域内配合。三级公路管理机构形成一个完整的组织体系,省局和市处之间实行条块结合式管理,市处与县站之间除三个市实行垂直管理外大部分实行条块结合式管理。

普通国省道的路政管理由省交通运输厅委托厅公路局统一组织和领导,各市公路处、县公路站分别成立路政支队和路政大队,受上级公路管理机构委托具体实施国省道路政管理。

普通国省道管理模式如图2-4所示。

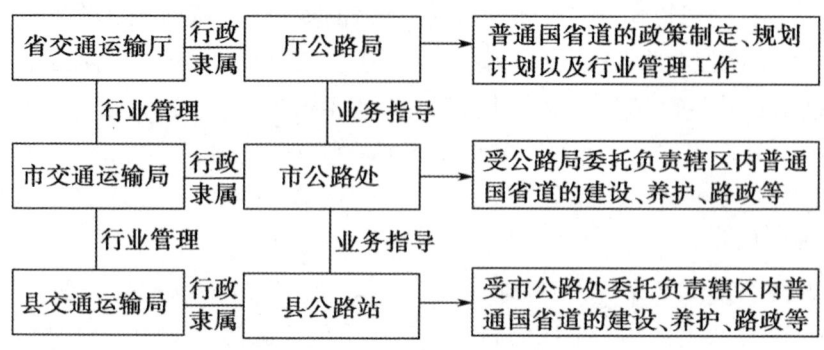

图2-4 普通国省道管理模式

2.4.4 农村公路的管理模式

按照"统一领导、分级负责,以县为主、乡镇配合"的原则,县乡公路建设主体是县人民政府,养护管理分县、乡两级。县道由县公路站负责养护管理(其中少部分列入大养路费计划的县道与国省道模式相同),乡道由乡镇人民政府负责组织。因乡镇并无专门的公路养护机构,相当一部分乡道仍由县交通局组织或委托县公路站代养。

另外,省政府成立农村公路建设联席会议制度,由政府有关职能部门组成,负责组织领导全省农村公路建设工作,协调解决有关重大问题。联席会议在省交通运输厅下设办公室(委托厅公路局承担),具体负责农村公路建设日常管理工作。农村公路的路政管理,由县交通局委托县公路站负责组织和实施。

农村公路管理模式如表2-6所示。

表2-6 农村公路管理模式

管理主体	主要职责
省交通运输厅	筹集和落实省级养护补助资金,监管农村公路养护资金
市交通运输局	负责辖区内农村公路的行业管理
县级人民政府	辖区内农村公路管理养护的责任主体
县交通运输局	辖区内农村公路管理养护的实施主体
县公路站	具体承担县道管理养护以及县道、乡道的路政管理工作,对乡道养护、村道管理养护进行技术指导和监督检查
乡镇人民政府	负责本区域内乡道、村道的养护工作
村民委员会	配合本行政村区域内农村公路的建设、养护和管理工作

2.5 公路资产核算现状分析

2.5.1 不同单位对公路资产的核算现状

(1) 行政单位对公路资产的核算现状

交通运输主管部门作为行政单位,在对公路资产进行核算时执行《行政单位会计制度》。按照现行的行政单位会计制度,交通运输主管部门应将公路资产按照制度中对"公共基础设施"的相关规定进行核算。但是根据调研情况,上述核算在实际工作中难以实现,江苏省大多数地区的交通运输主管部门并不进行公路资产的核算。

(2) 事业单位对公路资产的核算现状

公路管理机构作为事业单位,在对公路资产进行核算时应执行《事业单位会计制度》。但是,现行的事业单位相关制度并没有对公共基础设施单列一个科目进行核算,因此公路管理机构对公路资产的核算也无法找到确切的依据。根据调研情况,江苏省内的公路管理机构在实际操作中也不对公路资产进行确认,一般对与公路资产相关的拨款、借款和支出等情况进行核算。具体而言,一种情况是公路管理机构对公路按项目进行核算,将上级中央、地方政府拨付资金作为项目补助收入列支,支出则冲减,为建设公路资产而发生的借款,则在"待转销借款工程支出"中列支;一种情况是公路管理机构只核算收款和拨款,具体核算工作由其他单位进行;此外建设单位负责资产的基本建设核算,形成的资产计入行政单位"交付使用资产",与拨款收入冲销。因此,公路管理机构资产账上最终未形成"公路资产"。

(3) 企业单位对公路资产的核算现状

在对公路资产进行核算的过程中,除行政单位和事业单位外,还涉及融资平台公司、公路经营企业等企业单位,它们在核算时执行企业会计准则,主要依据《高速公路公司财务管理办法》《公路经营企业会计制度》《企业会计准则解释第 2 号》等进行会计核算。

2.5.2 不同类型公路资产的核算现状

(1) 高速公路核算现状

江苏交通控股有限公司作为国有企业代表政府投资和经营高速公路。在高速公路建成后,公路经营企业取得收费经营权。在会计核算时,公路经营企业将支付的公路经营权对价作为无形资产核算,将公路安全设施、收费设施等附属设施作为固定资产核算,也未完全反映相关公路资产的价值。而高速公路经营管理中心对所负责的政府还贷性高速公路进行核算,在"待转销借款工程支出""无形资产"等科目反映,但也只是反映了债务融资所形成的公路资产价值,不能全面反映全部的公路资产价值。此外,存在市管高速公路被公路经营企业将其相关设施作为固定资产核算,未确认为公路资产的现象。

(2) 普通国省道核算现状

对于全部由财政资金投资所形成的非收费普通国省道,公路管理机构在会计核算时,在其建设期间按照在建工程核算,建成后资产与资金来源直接对冲核销,公路资产并未作为资产在会计账务中得到反映。公路管理机构在接受资产时,只进行实物登记和管理,对公路养护、改建及大中修在事业支出中列支,具体为当发生上述支出时,借记"事业支出"科目,贷记"现金""银行存款"等科目,当年支出收回时做冲减事业支出处理。年末,将事业支出借方余额全部转入"事业结余"科目,借记"事业结余"科目,贷记"事业支出"科目。结账后,事业支出余额为零。部分地市交通运输主管部门出于建设融资需要,将非收费普通国省道作为下属企业单位固定资产进行会计核算。对于政府还贷性普通国省道而言,公路管理机构对运用债务资金所形成的相应债权进行确认与核算,未对公路资产本身进行核算,地方融资平台公司则将公路相关设施确认为企业的固定资产。由于无法获得公路资产价值存量的相关资料,公路管理机构不能提供普通国省道资产的价值报告。

(3) 农村公路核算现状

对于农村公路而言,其资金来源更为复杂,包括中央和省补资金、县乡筹集资金、社会多元化投资等。在会计核算时,县级人民政府通过专户核算财政下拨的配套资金,乡镇人民政府在资金筹集中采取多种方式筹集资金,也未将农村公路作为资产在会计账务中反映,这样难以反映农村公路的实际价值。

2.5.3 公路资产核算存在的问题

(1) 资产核算主体多,核算标准不同

公路资产在投资、建设、管理等各环节中,所涉及的核算主体并不一致,它们可能是行政单位、事业单位或者企业等不同性质的会计主体,而各主体在进行公路资产核算时所依据的会计制度也不同,这在一定程度上导致了不同主体对公路资产核算口径的差异,使得各个单位之间形成的账务数据难以有效衔接。

(2) 资产范围不明确,价值难以统一归集

公路资产类型的多样化及其价值构成的多元化使得不同地区、不同层级政府、不同单位对公路资产的基本认知尚存在较大分歧。例如,对于公路资产的价值构成、后续支出的费用化与资本化、是否需要计提折旧以及如何计提折旧等问题,各主体目前还未形成统一的认识。这些争议的存在使得公路资产的核算范围不明晰、不统一,各主体核算的公路资产价值也难以实现有效归集。

第3章 理论基础与制度依据

3.1 理论基础

3.1.1 公共产品理论

萨缪尔森[①]将公共产品定义为:"公共物品是这样一些物品,无论每个人是否愿意购买他们,他们的带来的好处不可分割地散布到整个社区里。"公共产品具有效用的不可分割性、受益的非排他性和消费的非竞争性,应当由政府承担提供公共产品的职责。

公路资产作为一种重要的公共基础设施,它具有公共产品的属性,同时也具有独特的经济特性,主要表现为以下几个方面:

(1) 公路具有公益性特征

公路是国民经济的基础性产业,公益性是公路的基本特征。公路具有规模大、投资多、受益面广、使用年限长、影响深远等特点,它是人们日常生活和从事经济活动不可或缺的公共产品。事实上,建设公路的根本目标就是为社会公众、经济发展提供方便、快捷的公共服务,而且使用者的增多也不能导致道路成本显著增加。由于公路所具有的公益性特征,其成为衡量政府提供公共产品能力和水平的重要标志。

(2) 公路具有外部性特征

外部性又称为溢出效应或外部经济,是指一个主体的行为对他人的福利产生了一种有利影响或不利影响。根据外部影响的"好"与"坏",外部性可以分为正外部性与负外部性。对于公路而言,正外部性是公路带来的外部社会

---

① 保罗·A. 萨缪尔森,威廉·D. 诺德豪斯. 经济学[M]. 胡代光,译. 14 版. 北京:北京经济学院出版社,1996.

效益、经济效益。公路的正外部性效应较为明显,在改善投资环境和市场条件、改善地区经济结构、活跃商品流通、加快自然资源的开发和利用以及满足社会公路客货运输等方面发挥着重要的作用。公路资产的正外部性特征,意味着政府是提供这一公共产品的主体。

(3) 公路建设具有资金密集性特征

公路如同铁路、航空产业一样均具有资金密集的经济特征,对资金需求非常大。普通国省道每公里的造价通常在数百万元到数千万元之间,整条公路的建设资金可能需要数十亿元。因政府财力有限,公共财政预算资金投入难以完全满足公路建设的需求。为了推进公路事业的发展,公路建设资金需要多渠道、多方式地筹集,这就需要创新投融资机制,通过 PPP、BOT 等方式吸引境内外资本投资,保证公路建设需求,促进其稳定发展。

(4) 收费公路具有准公共产品的特性

当一种产品不同时或不完全具有非排他性和非竞争性时称准公共产品。对于非收费公路来说,社会公众都有权利使用,属于政府提供的纯公共产品;对于收费公路来说,使用者需要交纳一定的通行费用,它们属于介于公共物品和私人物品之间的准公共物品。收费公路可以由政府全部投资建设运营,也可以通过特许经营的方式由政府授权企业投资建设运营,还可以由政府和企业共同投资建设运营。

3.1.2 公共受托责任理论

英国学者 Charles Medawar[1] 认为,"受托责任是一个过程,通过这一过程人们应对将要做的事、正在做的事和已经做的事负起责任,并认为受托责任是商业、政府及其他权力中心尽责行为的先决条件"。简单来说,受托责任是指在委托关系中受托人对委托人所负有的责任[2]。公共受托责任是受托责任的具体形态之一,它源于民主社会制度的建立[3]。由于公共产品和服务的广泛性,政府也就对全体社会成员承担了社会、政治、经济、文化的受托责任[4]。

---

[1] Charles Medawar. The Social Audit consumer handbook: a guide to the social responsibilities of business to the consumer[J]. Journal of Neuroscience, 1978, 17(24): 9686–9705.
[2] 路军伟. 我国政府会计改革取向定位与改革路径设计[J]. 会计研究, 2010(8): 62–68.
[3] 张琦. 论绩效评价导向政府会计体系的构建[J]. 会计研究, 2006(4): 3–8.
[4] 路军伟, 李建发. 政府会计改革的公共受托责任视角解析[J]. 会计研究, 2006(12): 14–19.

公共受托责任包括行为受托责任和报告受托责任两个层面：一方面，政府部门应当从社会公共利益出发，管理好社会公众托付的公共财产，履行好国家和社会公共事务管理职责；另一方面，政府部门应当向公众及其代表报告其受托责任履行情况，以解除公共受托责任。其中，报告责任是行为责任的延伸，两者相互联系并相互促进。由于委托人难以直接监督受托人的行为，委托人需要借助于受托人提供的信息对公共受托责任履行情况进行评价，并通过评价结果的反馈，促使受托人更好地履行其行为责任。

交通运输主管部门及其授权的公路管理机构，受政府委托负责公路资产管理工作，同样负有行为受托责任和报告受托责任。具体来说，这两类受托责任分别表现为：

第一，从行使公共受托权力的角度来看，交通运输主管部门及其授权的公路管理机构应当履行好管理职责，促进公路事业健康、稳步发展，以满足经济建设和人民生活需要；

第二，从履行与解除公共受托责任的角度来看，交通运输主管部门及其授权的公路管理机构应当通过公路资产行业报告、政府部门财务报告等，向政府和社会公众反映其受托责任履行情况。

3.1.3 委托代理理论

罗斯最早提出"如果当事人双方，其中代理人一方代表委托人一方的利益行使某些决策权，则代理关系就随之产生"[①]，基于企业所有者兼具经营者的做法存在的弊端，美国经济学家伯利和米恩斯提出"委托代理理论"，倡导所有权和经营权分离。在委托代理关系中，一个或多个行为主体根据一种明示或隐含的契约，指定另一些行为主体为其服务，同时授予后者一定的决策权利，其中授权者就是委托人，被授权者就是代理人，代理人由于相对优势而代表委托人行动。而我国的公路基础设施的国有性质和管理体制表明，不同的主体之间构成一个委托代理关系链条。

第一，根据《中华人民共和国物权法》规定，公路所有权归属于国家，而国家本身是一个抽象的概念，中央政府作为国家权力的执行机构，实际代表国家行使公路的所有权职责，并按照政府体制确定各级地方政府的权责，中央和地方政府是实际意义上的公路资产所有者。

---

① Stephen A Ross. The Economic Theory of Agency: The Principal's Problem[J]. American Economic Association，1978,63(2):134-139.

第二，中央和地方政府作为公路所有权的行使者，并不直接管理公路资产，而是按照法律规定的政府职能设置，由各级交通运输主管部门代为管理。各级交通运输主管部门作为公路资产的行政管理主体，实际参与公路资产管理，是公路基础设施的资产管理权代表。

第三，各级交通运输主管部门并不直接参与公路资产的具体管理工作，履行诸如路政管理、养护管理等职责，而是交由各级公路管理机构落实，公路管理机构作为事业性质的公路管理主体，可以进一步委托相关企业开展具体的养护生产业务。同时还存在交通运输主管部门授予公路经营企业一定期限的收费经营权，由公路经营企业实际运营相关公路资产的情况。

在这个委托代理关系链条中，国家是初始委托人，由中央和地方政府代行其职责，而公路管理机构和特许公路经营企业是最终的代理人，各级交通运输主管部门则拥有委托人和代理人的双重角色，代理人为委托人服务，也必然要如实反映契约的履行情况，即公路资产的实际情况。

3.1.4　新公共管理理论

公共管理，是指政府等公共组织为了公众利益，对公共产品和公共服务进行管理的活动。20世纪70年代末，西方各国提出了"新公共管理"理论，其思想主要体现在两个方面：一是主张在公共部门中引入市场运行机制，其最终目的在于降低公共服务和产品提供的成本，提高公共部门的效率与业绩；二是提倡建立对公共部门活动结果的多元监控机制，主要包括公共问责机制、质量保证机制和绩效管理机制，其目的在于提升管理质量和服务层次。

公路资产作为一种特殊的国有资产，其管理方式关系到新公共管理成本效益理念和公众服务性的实现。

一方面，新公共管理思想要求政府在提供公共服务时重视服务提供的效率与质量，政府部门可运用成本效益观念、绩效管理与评估的管理方式，降低公共产品和服务提供的成本。公路事业单位或经营企业作为公路管理的受托单位，有责任反映公路的经营状况，反映公路资产的价值，从而及时反映单位的事业成果、经营状态，进而对应地改善运营、降低成本、增强绩效，实现成本效益的理念。

另一方面，新公共管理思想强调将行政系统的管理责任提升为主导责任，要求社会公众积极参与公共管理活动，政府应倾听公众意见、增加行政透明度、接受公众监督，实现公共管理的公众服务性。公路是为广泛公众提供基础设施服务，而非为特定主体服务，因而公路资产管理活动的实施，不应仅是为了让直接管理者掌握公路运营信息,更为重要的是让公众即广泛的利益群体充分了解公路资产的运营情况。因此,公共管理的公众服务理念要求公路资产管理单位清晰反映公路的实际价值状况,向公众反映事业发展成果,接受社会公众的监督。

3.2 制度依据

3.2.1 与公路相关的法规制度

交通运输主管部门、公路管理机构以及其他相关部门,依据公路相关法规制度实施公路行业管理、资产管理、安全保护等工作。因此,在设计公路资产核算体系时,要充分考虑现行公路管理体制的制约,不能脱离或超越现行的公路法规制度。

3.2.1.1 《中华人民共和国公路法》

《中华人民共和国公路法》于1997年7月3日第八届全国人民代表大会常务委员会第二十六次会议通过,自1998年1月1日起正式实施。之后,《中华人民共和国公路法》分别于1999年、2004年、2009年、2016年经过四次修正。2016年11月7日,第十二届全国人民代表大会常务委员会第二十四次会议,通过了对《中华人民共和国公路法》等十二部法律的修正决定。

《中华人民共和国公路法》是公路事业的基础性法律,涉及公路规划、公路建设、公路养护、路政管理、收费公路、监督检查、法律责任等内容,明确了我国发展公路事业的基本方针和重要原则,对于引导、规范、促进、保障公路事业的发展具有重要作用。

3.2.1.2 《公路安全保护条例》

《公路安全保护条例》是为了加强公路保护,保障公路完好、安全和畅通,根据《中华人民共和国公路法》制定。该条例由国务院于2011年3月7日发布,自2011年7月1日起施行。《公路安全保护条例》是我国第一部专门对公路安全保护进行规范的行政法规,共6章77条,各章分别为总则、公路线路、公路通行、公路养护、法律责任和附则。

《公路安全保护条例》确立了公路安全保护工作的基本方针和重要原则,不仅明确了交通运输主管部门和公路管理机构的职责,而且还动员各级政府、各相关职能部门以及社会公众等各方力量广泛参与公路安全保护工作,为相关部门开展安全保护工作提供了重要的法律保障,对加快公路保护法制建设、规范公路养护管理工作具有重要作用。

3.2.1.3 《江苏省公路条例》

2000年8月26日,江苏省第九届人民代表大会常务委员会第十八次会议通过《江苏省公路条例》,自2000年11月1日起施行。《江苏省公路条例》分别于2004年、2010年、2011年、2012年经过四次修正。2012年1月12日江苏省第十一届人民代表大会常务委员会第二十六次会议,通过关于修改《江苏省公路条例》的决定。

《江苏省公路条例》是根据《中华人民共和国公路法》、国务院《公路安全保护条例》和有关法律、行政法规制定,共8章65条,各章分别为总则、公路规划、公路建设、公路养护、路政管理、收费公路、法律责任和附则。《江苏省公路条例》是在江苏省行政区域内从事公路的规划、建设、养护、经营、使用和管理工作的基本依据。

3.2.1.4 《江苏省高速公路条例》

2002年12月17日江苏省第九届人民代表大会常务委员会第三十三次会议通过《江苏省高速公路条例》,自2003年3月1日起施行。《江苏省高速公路条例》分别于2004年、2007年、2010年、2014年经过四次修正。2014年3月28日江苏省第十二届人民代表大会常务委员会第九次会议,通过关于修改《江苏省高速公路条例》的决定。

《江苏省高速公路条例》是根据《中华人民共和国公路法》《中华人民共和国道路交通安全法》和国务院《公路安全保护条例》等有关法律、行政法规制定,共7章66条,各章分别为总则、建设与养护、路政管理、交通安全管理、收费与服务、法律责任和附则。《江苏省高速公路条例》是在江苏省行政区域内从事高速公路的规划、建设、养护、经营、使用和管理工作的基本依据。

3.2.1.5 其他相关法规制度

除了上述法规制度外,我们也将其他相关法规制度作为研究的基础,具体如表3-1所示。

表3-1 其他相关法规制度

法规制度	颁布单位	实施年份
《收费公路管理条例》	国务院	2004年(2016年修订)
《农村公路管理养护体制改革方案》	国务院	2005年

续表

法规制度	颁布单位	实施年份
《收费公路权益转让办法》	交通运输部、国家发展和改革委员会、财政部	2008年
《江苏省农村公路管理办法》	江苏省人民政府	2009年
《江苏省收费公路管理条例》	江苏省人大常委会	2010年（2012年修订）
《江苏省干线公路建设管理办法》	江苏省交通运输厅	2005年
《江苏省干线公路建设前期工作管理办法》	江苏省交通运输厅公路局	2006年
《江苏省政府还贷收费公路贷款管理办法（试行）》	江苏省交通运输厅	2007年
《江苏省高速公路养护管理办法》	江苏省交通运输厅	2010年

3.2.2 与会计核算和报告相关的法规制度

目前，交通运输主管部门、公路管理机构对于公路资产相关业务的处理，只是进行预算会计核算，大部分并没有纳入到单位的财务会计核算体系当中，尚未将其确认为公路资产进行核算。在当前的会计核算模式下，各级政府无法准确、完整反映公路资产的实际价值，难以满足编制权责发生制政府综合财务报告的信息需求。总体来看，相关单位在对与公路资产相关的业务进行会计核算时，主要执行以下会计制度，如表3-2所示。

表3-2 相关单位执行的会计制度

会计制度	颁布单位	实施年份
事业单位会计准则	财政部	2013年
事业单位会计制度	财政部	2013年
行政单位会计制度	财政部	2014年
财政总预算会计制度	财政部	2016年
公路养护会计制度	交通部	1988年
国有建设单位会计制度	财政部	1996年
江苏省公路事业单位会计核算办法（试行）	江苏省财政厅、交通运输厅	2002年

本书拟构建的公路资产会计核算体系，是在《中华人民共和国预算法》《权责发生制政府综合财务报告改革方案》《政府会计准则——基本准则》的

指导下，遵循政府会计的基本规律，设计一套全新的、自成系统的核算体系。在研究中，我们所依据的与会计核算和报告相关的法规制度主要包括：

3.2.2.1 《中华人民共和国预算法》

《中华人民共和国预算法》于 1994 年 3 月 22 日第八届全国人民代表大会第二次会议通过，从 1995 年 1 月 1 日起正式实施。2014 年 8 月 31 日，第十二届全国人民代表大会常务委员会第十次会议，通过了关于《中华人民共和国预算法》的修正决定。

《中华人民共和国预算法》是财政领域的基本法律制度，它是规范政府收支行为，强化预算约束，加强对预算的管理和监督，建立健全全面规范、公开透明的预算制度，保障经济社会的健康发展基础。2014 年新修订的预算法规定要"实行全口径预算管理、建立跨年度预算平衡机制"等，并明确要求各级政府财政部门按年度编制以权责发生制为基础的政府综合财务报告。

3.2.2.2 《权责发生制政府综合财务报告制度改革方案》

党的十八届三中全会提出"建立权责发生制政府综合财务报告"的重大战略举措。为了建立权责发生制的政府综合财务报告制度，2014 年 12 月 12 日，国务院批转财政部《权责发生制政府综合财务报告制度改革方案》（国发〔2014〕63 号），确立了政府会计改革的指导思想、总体目标、基本原则、主要任务、具体内容、配套措施、实施步骤和组织保障。

《权责发生制政府综合财务报告制度改革方案》指出，权责发生制政府综合财务报告制度改革是基于政府会计规则的重大改革，其前提和基础就是要构建统一、科学、规范的政府会计准则体系，包括制定政府会计基本准则、具体准则及其应用指南和健全完善政府会计制度。另外，按照《权责发生制政府综合财务报告制度改革方案》，政府财务报告包括政府部门财务报告和政府综合财务报告，其中：政府部门是部门财务报告的编制主体，财政部门是政府综合财务报告的编制主体。

3.2.2.3 《政府会计准则——基本准则》

为了积极贯彻落实党的十八届三中全会精神，加快推进政府会计改革，构建统一、科学、规范的政府会计标准体系和权责发生制政府综合财务报告制度，2015 年 10 月 23 日，财政部发布了《政府会计准则——基本准则》（财政部令第 78 号），分为总则、政府会计信息质量要求、政府预算会计要素、政府财务会计要素、政府决算报告和财务报告、附则，共 6 章 62 条，自 2017 年 1 月 1 日起实施。

《政府会计准则——基本准则》作为政府会计的"概念框架",正式确立了权责发生制核算基础的地位,将财务会计引入到政府会计体系之中,同时保留并强化了预算会计的功能与作用,从而形成预算会计与财务会计"并轨"运行的模式。政府会计基本准则统驭政府会计具体准则和政府会计制度的制定,并为政府会计实务问题提供处理原则,对于构建统一、科学、规范的政府会计准则体系具有重要的基础性作用。

3.2.2.4 其他相关法规制度

当前,我国政府会计改革进入深水区,各项政府会计具体准则和准则应用指南正在制定当中。2016年8月1日,财政部发布了《政府会计制度——行政事业单位会计科目和会计报表(征求意见稿)》(财办会〔2016〕30号);2016年9月13日,财政部发布了《政府会计准则第××号——公共基础设施(征求意见稿)》(财办会〔2016〕40号),我们在研究中充分吸取了这两份征求意见稿的指导思想,并结合公路资产核算的特点进行提升。

值得强调的是,在研究课题结题之后,财政部于2017年4月17日发布了《政府会计准则第5号——公共基础设施准则》(财会〔2017〕11号);2017年10月24日,财政部印发了《政府会计制度——行政事业单位会计科目和报表》(财会〔2017〕25号)。为了契合公共基础设施准则、政府会计制度的要求,推进公共基础设施准则、政府会计制度的有效实施,课题组在遵循公共基础设施准则、政府会计制度相关规定的情况下,结合公路资产实际情况,对本书进行了补充和完善,也期望本书的研究成果能够为"公共基础设施准则——应用指南"的制定提供参考。

第 4 章 公路资产核算与报告的国际经验

本部分基于会计主体、会计对象、会计确认、会计计量、会计记录和会计报告等角度，从国际公共部门会计准则，美国、英国、法国、澳大利亚等相关实践中，归纳出可资借鉴的经验。

4.1 公路资产会计主体的国际经验

《国际公共部门会计准则第 17 号——不动产、厂场和设备》第五段规定：包括公路资产在内的基础设施适用于该准则，并认为虽然基础设施所有权的归属不局限于公共部门主体，但是重要的基础设施往往归政府部门所有。此外，《国际公共部门会计准则第 32 号——服务特许协议：授予方》中规定：即便基础设施是由私人兴建，但收费权是政府授予的，这些基础设施应是为公众提供服务，政府有义务向社会公众报告其成本、收费和使用情况。因此，从国际公共部门会计准则的规定来看，无论基础设施是由政府部门建造，还是由私人兴建，政府部门都应当作为基础设施的会计报告主体。

美国政府会计全国理事会（NCGA）对一个政府单位是否应作为政府财务报告主体的组成单位提出了五条标准，即财务依存性、管理监督权、管理指派、运用活动的重大影响力和财政事项的受托责任。此外，在预算会计主体和财务会计主体关系处理上，美国联邦会计准则咨询委员会（FASAB）认为在政府会计中，需要对会计核算主体（记账主体）与财务报告主体分别设置。

英国公路会计采用的则是"执行局"模式，将公路管理机构定位于具体行使执行职能的法定机构，即法定的"执行局"，一旦公路管理机构所使的职能由法律或法规明确界定，公路管理机构即获得法定授权并具有行政主体资格，同时也获得了公路资产的会计主体资格。

澳大利亚和新西兰要求基础设施资产计入政府资产负债表,而公路资产是基础设施资产的一部分,这表明政府部门应该作为公路资产的会计报告主体。而法国政府财务报告编制工作由公共财政总局内部的一个处具体负责,在政府资产负债表中反映政府控制的资产和承担的负债等财务状况,其中公路资产包含在内。

此外,葡萄牙也采用控制法来界定政府会计报告主体,所有固定资产(包括基础设施)均要求在政府资产负债表中披露,显然公路资产的会计报告主体应是政府部门。

因此,国际上值得我们借鉴的公路资产会计主体确定方法有:(1)将政府部门作为政府部门或私有部门建造的公路资产的会计主体;(2)根据财务依存性、管理监督权、管理指派、运用活动的重大影响力和财政事项的受托责任等五条标准确定公路资产的会计主体;(3)采用控制法确定公路资产的会计主体;(4)分别设置会计核算主体(记账主体)与财务报告主体。以上这些经验对我国公路资产会计主体的确定都有一定的借鉴意义。

4.2 公路资产会计对象的国际经验

《国际公共部门会计准则第17号——不动产、厂场和设备》中规定准则的目标是使财务报表使用者可以掌握主体在不动产、厂场和设备方面的投资及其变动情况的信息。其中,基础设施包括道路系统、排污系统、水利及电力供应系统和通讯系统等,符合不动产、厂场和设备的定义。

美国国家公路与运输协会(AASHTO)和联邦公路管理部门(FHWA)对公路资产的构成范围界定如下:(1)基础设施,例如道路、桥梁、附属设施等;(2)人力资源,例如员工知识结构、人员组成等;(3)相关设备和材料;(4)其他,例如数据、计算系统、相关技术和合作伙伴等。可见,美国公路管理的资产范围非常宽泛,并不仅仅局限于道路桥梁等基础设施,还包括运营性硬件装备、车辆、不动产、材料、人力资源及数据等。

英国财务报告准则中将公路路面作为一项资产,并规定如果对公路的后续支出能够提升公路的服务潜力,该支出也应被确认为资产。由英国各公路主管部门管理的路面资产按照英国财务报告准则确认为各部门的单项资产。

日本政府将公路资产划归一般固定资产下的基础设施资产,基础设施资产需在资产负债表中披露,其他基础设施资产还包括桥梁、港口、飞机场以及铁路等。

在新西兰政府资产负债表中，物业、工厂和设备项目下包括土地和建筑（包括国家公路占地）、国有高速公路等资产。

澳大利亚为公共部门设立的会计准则 AAS29 中指出政府应将公共基础设施，如公路确定为一项资产。按照澳大利亚会计准则（AASs），在非金融资产下设有工厂、设备和基础设施项目来反映公路、铁路、桥梁、港口、水坝、管道、通信和电力线路等基础设施。同时，在澳大利亚 QML 年度财务报表中，公路与桥梁被确认为一项固定资产：基础设施资产。并且，按照国际财务报告解释公告第 12 号（IFRIC 12）及其相关准则的规定，将通过建造取得的收费特许权确认为无形资产。

国际财务报告准则解释委员会认为，营运者向公共服务使用者收费的权利符合无形资产的定义，按照《国际财务报告解释公告第 12 号——特许服务权安排》（IFRIC 12）中的规定，营运者对授予人提供建造服务以换取一项无形资产，即收费特许权。

因此，国际上值得我们借鉴的公路资产会计对象界定方法有：（1）将公路确定为一项资产，划归公共基础设施；（2）对公路资产的构成进行划分，例如道路、桥梁、附属设施等；（3）能够提升公路服务潜力的支出应当资本化；（4）公路营运者将取得的收费特许权确认为无形资产。

4.3 公路资产会计确认的国际经验

按照《国际公共部门会计准则第 17 号——不动产、厂场和设备》的规定，当不动产、房舍和设备项目满足以下两个条件时，应当确认为一项资产：①与该资产相关的未来经济利益或服务潜能很可能流入主体；②该资产的成本或公允价值能够可靠地计量。

《国际公共部门会计准则第 17 号——不动产、厂场和设备》指出重要的基础设施往往归政府部门所有，第 95 段至第 104 段中规定，自根据国家公共部门会计准则首次采用权责发生制之日起五年内，主体可以决定是否对相关资产进行确认。主体应在成本发生时运用确认原则评估其成本，包括初始获得或建造时的成本和由于维护而发生的后续成本。如果资产通过非交换交易获得，其成本应以该资产在取得当日的公允价值计量。在后续成本中，日常维护费用不应计入其账面金额，而如果某些组成部分需要定期更换，例如道路路面的整修，要判断支出是否符合资本化标准。同时，在折旧部分指出主体在初始确认时将一项不动产、厂场和设备的重要组成部分分开并将各部分分别计提折旧。

另外，按照《国际财务报告解释公告第 12 号——服务特许权协议》(IFRIC 12)解释，由于运营商并不控制基础设施的使用，而是按照协议规定享有一定经济利益，因此运营商不能将基础设施确认为不动产、厂房和设备，而是可将取得的资产确认为无形资产或者金融资产。

按照美国公认会计准则(GAAP)的要求，具有收费公路特许权的美国公司，将建造取得的收费公路特许经营权确认为一项固定资产，项目投资具体包括公路基础设施、收费设施、安全设施等；将通过与政府交易取得的收费公路特许经营权界定为融资租赁，发生的成本包括无形资产(收费公路特许经营权)、无形资产(收费公路土地租赁权)、桥梁与公路(公路与桥梁的租赁权)、建筑物(建筑物租赁权)。2014 年，美国财务会计准则委员会发布《会计准则更新第 2014－05 号——服务特许权协议》，指出服务特许权协议在本质上区别于租赁，相关资产不能确认为投资方的自有资产，因此，美国企业将特许经营权确认为无形资产。

根据美国政府会计准则委员会(GASB)第 34 号公告，美国州和地方政府在对其政务活动和商业活动进行会计核算时，采用的是基金会计模式，一个政府单位分为多个基金会计主体，这些基金总体上可分为政府基金、权益基金和托管基金三大类。公共基础设施属于固定资产，具体分为基金基础设施和公共基础设施两类。前者主要在从事商业活动的政府主体控制下，能够带来直接的经济收益，具有偿债和日常支付的能力，而后者则由提供公共服务的政府主体控制，不能带来直接的经济收益，是政府服务能力的体现。

法国上市公司编制合并财务报告时遵循《国际财务报告解释公告第 12 号——服务特许权协议》(IFRIC 12)，将投资建造的收费公路基础设施确认为无形资产，但其单独财务报表可以遵循法国商业守则，将投资建造取得的收费公路基础设施确认为一项固定资产：物业、厂房和设备——根据特许权持有的资产。但是，法国公路基础设施管理部门并没有对收费公路进行核算。

西班牙基础设施经营公司按照《国际财务报告解释公告第 12 号——服务特许权协议》(IFRIC 12)的要求，将取得特许经营权的收费公路基础设施由确认为固定资产调整确认为无形资产，同时存在金融资产的确认模式，即将特许经营权界定为"应收账款和其他应收款——公共行政",以金融资产模式进行管理。

因此,国际上值得我们借鉴的公路资产会计确认的经验有:(1)在采用权责发生制之后,会计主体对公路资产进行确认;(2)公路资产初始确认时将重要组成部分分开,例如公路基础设施、收费设施、安全设施等;(3)公路资产会计主体应在成本发生时运用相应原则评估其成本,包括初始获得或建造时的成本和由于维护而发生的后续成本;(4)公路资产的确认条件应当符合①与该资产相关的未来经济利益或服务潜能很可能流入主体,以及②该资产的成本或公允价值能够可靠地计量;(5)公路经营企业将取得的资产确认为无形资产,而非公路资产;(6)公路资产的日常维护费用不应计入成本,后续支出应判断是否满足资本化条件,从而计入账面价值或费用。

4.4 公路资产会计计量的国际经验

《国际公共部门会计准则第17号——不动产、厂场和设备》中指出,符合资产确认条件的不动产、厂场和设备项目,应按其成本计量,成本包括:(1)买价;(2)为使资产达到管理者所预期的具备经营能力的可使用状态和场所所发生的所有直接可归属成本;(3)拆卸费、搬运费和场地清理费的初始估计金额。公共基础设施资产确认后的后续计量需要按照成本模式和重估价模式分别处理。在成本模式下,公共基础设施确认为政府资产后,不动产、厂场和设备的账面金额应为其成本减去累计折旧和累计减值损失后的余额。《国际公共部门会计准则第17号》指定的折旧方法为直线法、余额递减法与单位产量法。在重估价模式下,公共基础设施确认为政府资产后,不动产、厂场和设备的公允价值能够可靠计量的,其账面金额应为重估价金额,即该资产重估日的公允价值减去后续发生的累计折旧和累计减值损失后的余额。政府会计主体应经常对资产进行重估价,以使账面金额不会与报告日以公允价值确定的资产价值相差太大。不动产、厂场和设备中与项目总成本相比其成本重大的每个部分,应当单独计提折旧,例如,在多数情况下,需要将一个道路系统中的路面、结构、辅道和沟槽、人行小路、桥梁和路灯视为单独的项目进行折旧。当资产的不同组成部分的使用寿命和折旧方法相同,可以把这些部分视为一组来确定折旧费用。特别的,准则指出即使资产的公允价值超过其账面金额,只要资产的残值没有超过其公允价值就应确认折旧,而对一项资产的修理和维护并不妨碍对其计提折旧。在实务中,资产的残值通常不大,因此在计算应折旧金额时并不重要。

国际上对于公路资产会计计量的方法,目前尚未形成统一的准则规定,典型的且可以借鉴的主要是美国、英国、澳大利亚等一些发达国家在公路资产会计计量中的做法。

美国第 34 号政府会计准则公告《州和地方政府的基本财务报表和管理当局的讨论和分析》规定,各州和地方政府基本财务报表中须采用科学合理的方法对基础设施进行资产价值评估,推荐州、市及县政府管理机构在发布资产改变的财务声明时,用历史费用法来估算资产价值,如果历史费用法不可行,则建议以当前重置成本代替历史成本。另外,美国对新建的公共基础设施采用未来适用法进行初始计量,规定对公用设施的年度成本的后续计量采用折旧法或者修正法。关于折旧法,34 号公告没有规定具体的折旧方法,政府可使用任何已有的折旧方法,只要方法系统、合理、可行即可。折旧可基于一类公共基础设施、一组公共基础设施、单项公共基础设施的预计使用年限进行计算,而对于预计折旧年限,政府可使用来自专业或行业组织的通用指南的信息、其他政府可比资产的信息以及内部信息,还应考虑一项公共基础设施的现状及满足服务要求的使用年限。另外,政府还可采用综合法计算累计折旧,首先确定综合折旧率,然后每年将同组中公共基础设施的成本乘以综合折旧率来计算折旧费用。关于修正法,由于道路、桥梁等基础设施在其使用寿命内可以通过维护保养达到一定标准,因而可以看作是"永久的",故 34 号公告提出了修正法,将翻新成本(preservation costs)费用化,无需计提折旧。

英国政府的公路资产按照《政府财务报告手册》的规定,路面资产在服务潜力基础上按重置成本计价,即在资产负债表日,对道路网络应按当前重置成本计价,反映道路网络的真实状况。至少每五年应对整个道路网络进行一次全面估值,同时每年还应对整个道路网络的重要道路或者代表性的道路进行一次状况调查。所有的道路更新支出都直接计入经营成本,如果道路状况调查显示整个状况较前次调查有所恶化或明显改进,则相应调减或调增公共基础设施的账面价值,并将差额部分记入经营成本。

澳大利亚政府采用成本法来确认基础设施资产的初始价值,并按照类似固定资产的确认标准来核算公共基础设施资产,在公共基础设施资产达到建设标准时对该资产的成本进行确认核算。

日本政府根据道路相关法规的规定,编制相应的道路登记册,记载与道路相关的一些物理量,其中大部分公共财产没有相应的市场交易价格,难以确定其价值,一般根据其成本对其估计取得的原价进行计量。

因此,国际上值得我们借鉴的公路资产会计计量的经验有:(1)公路资产的成本应当包括为使其达到管理者所预期的具备经营能力的可使用状态和场所所发生的所有直接可归属成本;(2)公路资产的初始价值可采用成本法确认,难以确定价值时可以参照合理的估计额确定;(3)公路资产的折旧应分项目进行,对资产的修理和维护并不妨碍对其计提折旧;(4)折旧方法应根据未来经济利益或服务潜能的预期实现方式进行选择,例如直线法、余额递减法和工作量法;(5)公路资产的后续支出应判断资本化或费用化,按其成本计量;(6)公路资产使用年限的不同认知影响折旧,我国可依据实际情况决定是否计提折旧。

4.5 公路资产会计记录的国际经验

根据国际公共部门会计准则和各国实践,公共基础设施乃至公路资产涉及的账务处理和相关科目如下。

(1)按照《国际公共部门会计准则第17号——不动产、厂场和设备》的规定,"基础设施"符合不动产、厂场和设备的定义,应根据准则规定进行会计处理。基础设施包括道路系统、排污系统、水利及电力供应系统和通讯系统。根据准则的确认原则,基础设施的日常维护费用计入其账面金额,应在发生时计入盈余或赤字,这些支出的目的通常被称为"修理和维护"。某些不动产、厂场和设备项目的组成部分需要定期或偶尔更换,如果能够满足确认标准,则每次大型检查的成本应作为置换费用计入其账面金额。对于折旧,准则提出主体在初始确认时将一项不动产、厂场和设备的重要组成部分分开并将各部分分别计提折旧,例如,在多数情况下,需要将一个道路系统中的路面、结构、辅道和沟槽、人行小路、桥梁和路灯视为单独的项目进行折旧。对于终止确认所产生的利得或损失,应按照处置净收益(如果有)与该资产账面金额的差额确定。

(2)按照美国政府会计准则委员会(GASB)在第34号政府会计准则公告《州和地方政府的基本财务报表和管理当局的讨论和分析》的规定,公共基础设施年度成本的确定可以采用折旧法或者修正法。在折旧法下,追溯确认公共基础设施历史成本时,涉及"公共基础设施""累计折旧""净资产——投资于长期资产的净资产"科目,购买/改良/翻新、日常维护、计提折旧时还涉及"现金""费用""折旧费用"等科目;在修正法下,由于公共基础设施的预计寿命被看作无限,因此不需折旧,在追溯确认公共基础设施历史成本时,无需确认公共基础设施的累积折旧①。

(3) 按照英国政府财务报告手册(2015—2016)的规定,在"固定资产"下的"基础设施"中具体设有"战略性路网""地方行政基础设施""伦敦交通基础设施""苏格兰水利基础设施"等项目。路面资产由各管理主体在初始确认时确认为单独资产,并依据服务潜力确定其折旧金额。对于提升路面资产服务潜力的后续支出应计入相应的"基础设施"科目中,其他未增加路面资产服务潜力的后续支出应计入相关费用科目。

(4) 新西兰政府资产主要包括金融资产、物业厂房及设备(PPE)、在联营公司和国有企业的投资及其他资产。按照新西兰《国有部门法》《公共财政法案》和《财务报告的编制》等的规定,物业厂房及设备(PPE)包括土地和建筑、国家高速公路、铁路网等九大部分,对国家高速公路采用重置成本法。新西兰政府规定物业厂房及设备(PPE)采用直线法计提折旧,并对国家公路的人行道(表面)、人行道(其他)、桥梁等组成部分分别确定了折旧年限②。

综上可知,各个国家在对公路资产进行初始记录时,通常将其计入公共基础设施下的二级科目中,具体明细科目的设置与国情有关;在公路资产的后续支出中,以公路资产的服务潜力是否有所提高为依据区分相关支出是资本化计入相应的公路资产科目,还是费用化计入相关费用科目;在对公路资产计提折旧时,不同国家对公路资产使用年限的认识有所差异。

因此,国际上值得我们借鉴的公路资产会计记录的经验有:(1) 将公路资产作为公共基础设施的二级科目;(2) 根据我国的实际情况进一步划分明细科目;(3) 对于公路资产的后续支出的记录,明确资本化和费用化边界。

---

① 苏力. 公共基础设施的会计核算探讨——基于美国政府会计准则的应用[J]. 财务与会计,2016(10):88-90.

② 胡资骏. 新西兰政府实物资产(PPE)核算的基本经验及启示[J]. 西南金融,2015(7):19-24.

4.6 公路资产会计报告的国际经验

《国际公共部门会计准则第 17 号——不动产、厂场和设备》中规定,应对财务报表中确认的每类不动产、厂场和设备进行披露,披露内容包括:(1)确认账面总额所用的计量基础;(2)使用的折旧方法;(3)使用寿命或使用的折旧率;(4)期初和期末账面总额和累计折旧(与累计减值损失合计);(5)期初和期末账面金额的调节情况等。

国际上对于公路资产的报告主要涉及报告主体、报告内容和形式等方面。

关于公路资产的报告主体,有如下做法。

1999 年,美国政府会计准则委员会第 34 号公告《州和地方政府的基本财务报表和管理当局的讨论和分析》出台,要求政府应当在政府范围的报表中报告所有的资本资产,包括基础设施资产。

法国公共财政总局内部设处具体负责政府财务报告编制工作,在政府资产负债表中反映政府控制的资产和承担的负债等财务状况,其中包含公路资产。

葡萄牙采用控制法来界定政府会计报告主体。

关于公路资产报告的内容和形式,有如下做法。

美国在政府范围报表中报告基础设施资产,并应在运营活动报表中报告折旧费用,部分地区政府财务报告中列报了交通基础设施的相关信息。

在英国,基础设施主要是指道路,公路资产的价值在资产负债表中予以反映。《政府财务报告手册》规定,在资产负债表日,对道路网络应按当前重置成本计价,反映道路网络的真实状况。至少每五年应对整个道路网络进行一次全面估值,同时每年还应对整个道路网络的重要道路或有代表性的道路进行一次状况调查。

澳大利亚政府将公共基础设施分成"通用和道路"两类进行披露。在澳大利亚政府财务报告中,将公共基础设施的会计信息与非会计信息同时列于同一张报表中,方便报表使用者全面了解政府公共基础设施资产的情况。

日本政府将公路资产作为一般固定资产下的基础设施资产,在资产负债表中披露。

在葡萄牙,所有固定资产(包括基础设施和遗产资产)均要求在政府资产负债表中披露。

因此,对于公路资产的报告,值得我们借鉴的经验有:(1)政府在资产负债表中反映公路资产的相关信息;(2)政府在反映公路资产的会计信息的同时,也要反映相关非会计信息,便于报表使用者全面了解公路资产的实际情况;(3)采用诸如"控制法"等方法来确定公路资产的报告主体;(4)指定相关机构编制公路资产相关财务报告等,反映资产和负债等财务状况;(5)为及时准确了解公路资产的现状,加强公路保护,可定期对道路网络进行一定的状况调查。

第 5 章　公路资产的会计主体研究

本部分首先从基于公路资产不同权利主体的会计主体选择，基于规范化会计核算体系设计与现行公路管理体制制约的会计主体确定进行探讨；在此基础上，尝试设定公路资产会计主体的确定原则，并对公路资产的会计核算主体和报告主体进行具体界定。

5.1　基于公路资产不同权利主体的会计主体选择研究

在本书第 2 章《研究背景分析》中，我们对现行公路投资体制、公路建设模式和公路管理体制等进行了详细探讨，可以发现：在现行的公路投资、建设和管理体制下，公路在投资、筹资、建设与管理等方面往往涉及多个部门、单位，甚至涉及多个政府级次，存在着所有权、管理权、经营权并不是一一对应的情况。由于不同的权利主体对公路资产进行核算和报告的需求有所差异，因此应当在不同的权利主体之间做出选择，以便确定由哪一层级政府、哪一具体的部门或单位进行核算和报告。

鉴于此，本部分分别探讨不同权利主体作为公路资产会计主体的可行性，并从不同角度的进行论证；最终，我们认为可以将"资产管理权"作为确定公路资产会计主体的优先原则，同时还需要综合考虑事权划分、实际经营管理等方面的因素。

5.1.1　财政部门作为公路资产会计主体的探讨

在我国目前的分级财政体制下，公路投资的财政资金来源多元化，省、市、县等各级政府都有一定的财政预算资金投入。从财政预算资金投入角度来看，各级政府财政部门应当对所投入的财政预算资金进行核算，反映与公路投资相关的财政预算资金拨付业务。对于财政部门而言，并没有对财政预算资金所形成的公路资产进行管理，难以掌握公路资产的价值变动信息。因此，财政部门只是对与公路投资相关的财政预算资金进行核算，并未对公路资产本身进行核算，财政部门并不能作为公路资产的核算主体。

从公共受托责任角度来看，公路属于政府为完成受托责任、履行法定职能而为社会提供的重要公共产品。公路资产是政府资产的重要组成部分，在政府资产负债表中应当包含与公路相关的资产、负债与权益信息，以及在财务报表附注中应当披露各类公路资产的价值及其变动信息；在政府决算报告中，应当包括与公路相关的财政预算资金拨付、使用以及结余等内容。因此，公路资产是政府综合财务报告的构成项目，作为政府综合财务报告的编制主体，各级政府财政部门是公路资产相关信息的报告主体。

综上所述，各级政府财政部门不应当作为公路资产的核算主体，而是公路资产相关信息的报告主体。

5.1.2　筹资者作为公路资产会计主体的探讨

随着公路建设规模的不断扩大，因政府财力有限，财政预算资金投入难以完全满足公路建设的需求。为了推进公路事业的稳步发展，公路建设资金应当多渠道、多方式地筹集，除了各级政府的财政预算资金投入之外，还可以通过政府出让公路收费权、地方政府出让土地、地方融资平台公司向银行贷款、国内外企业或者其他组织投资，以及符合法律或者国务院规定的其他方式来筹集资金。

在公路建设资金的拼盘式投入和多渠道筹资模式下，形成多个主体共同筹集建设资金的局面。以普通国省道公路为例，公路建设资金由省、市、县三级政府共同筹集，具体的筹资主体又分为财政部门、交通运输主管部门、公路管理机构、地方融资平台公司等。不同的筹资主体只是对自身所筹集资金的形成、使用情况进行核算，故而单个筹资主体所反映的信息只是其中的一部分资金，并不能完整地反映出公路建设资金的筹集情况。此外，公路建设资金的筹集只是公路资产形成过程中的一个环节，筹资者可能并不负责具体的公路建设与后续管理工作，所以难以掌握公路资产的价值变动情况。因此，筹资者并不能作为公路资产的会计主体。

5.1.3　建设者作为公路资产会计主体的探讨

《中华人民共和国公路法》第二十三条规定：公路建设项目应当实行法人负责制度。对于公路建设者来说，他们接受政府及其交通运输主管部门的委托具体实施公路建设，只是承担了公路建设期间的管理责任，以确保公路建设项目平稳有序开展。在实际操作中，建设者将所建设的公路作为一个项目进行管理,并对公路建设项目进行会计核算。

在公路建设完工之后,公路建设者应当将公路资产移交给交通运输主管部门,交通运输主管部门再委托公路管理机构进行后续管理。在将公路资产移交之后,公路建设者不再对所建设的公路资产实施管理,也无需对公路资产进行后续核算。因此,公路建设者仅仅是公路建设期间的核算主体,并不能作为公路资产的会计主体。

5.1.4 行业管理者作为公路资产会计主体的探讨

行业管理是指政府从行业主管部门的角度,通过制定行业发展规划、行业政策、行业标准、行业准入门槛以及规范各参与方的行为,来实行的指导管理。行业管理部门的职责主要包括制定政策法规与标准规范、制定行业发展规划、指导行业行政执法与行政体制改革、推动行业技术进步以及其他行业管理等。

实际上,各级交通运输主管部门承担了公路的行业管理权。从行业管理权来看,交通运输主管部门只是公路行业的统筹、规划、协调、监督与服务者,并不需要对公路资产进行核算,况且也不能直接掌握公路资产的价值变动信息。因此,交通运输主管部门难以作为公路资产的会计核算主体。但是,交通运输主管部门代表政府管理公路资产,需要向政府和社会公众报告与公路资产相关的信息,应当作为公路资产的报告主体。

5.1.5 资产管理者作为公路资产会计主体的探讨

公路资产的国有性质决定了公路资产管理主体是政府及其授权的单位。公路资产管理是从维护公路资产所有权出发,对公路资产的使用、收益、处置等进行的管理。依据《中华人民共和国公路法》《公路安全保护条例》等规定,公路管理机构负有管理和保护公路的责任,应当建立健全公路管理档案,对公路、公路用地和公路附属设施调查核实、登记造册。

虽然公路管理机构可以通过交通运输主管部门的授予,获得行业管理、路政管理、养护管理和监督管理等多项管理权利,但公路管理机构的基本权利是对公路资产的养护管理权。《中华人民共和国公路法》第三十五条明确赋予公路管理机构的养护管理权,即:公路管理机构应当按照国务院交通运输主管部门规定的技术规范和操作规程对公路进行养护,保证公路经常处于良好的技术状态。因此,公路的资产管理权可以具体定位于公路资产的养护管理权。

我们认为可以将"资产管理权"作为确定公路资产会计主体的基础,其原因主要体现在以下方面：

第一，公路资产社会服务功能的发挥历经"资金筹集—项目建设—竣工移交—后续管理"等多个环节，资产管理者处于公路资产价值形成链条上的最后一环。因此，公路资产管理者能够将投资、筹资、建设与管理等各个环节的信息完整地反映出来，使公路资产的价值得以真实体现。

在不同环节各个权利主体的主要职责、资产价值形态、核算对象，如表5-1所示。

表5-1 基于不同权利主体的公路资产会计主体选择

权利主体	主要职责	资产价值形态	核算对象	是否作为公路资产会计主体
财政部门	财政投资	资金	资金运动	否
筹资者	资金筹集	资金	资金运动	否
建设者	项目管理	在建工程	在建工程	否
行业管理者	行业管理	/	/	否
经营者	经营管理	经营权	经营权	否
资产管理者	资产管理	公路资产	资金运动/公路资产	是

第二，《政府会计准则——基本准则》将政府资产界定为政府会计主体"控制"的经济资源。对于公路资产而言，资产管理权就是"控制"的具体化。资产管理者负责公路资产路政管理、养护管理、安全保护等工作，对公路资产构成了实际控制，能够真实地反映公路资产的价值状况。

接下来，我们以"资产管理权"为研究主线，在优先考虑以"资产管理权"作为公路资产会计主体确定原则的情况下，同时还结合实际情况兼顾"财权与支出责任划分""实际经营管理"等方面的因素，来探讨不同类型公路资产的会计主体确定。具体分为以下几种情况：

5.1.5.1 普通国省道的会计主体

按照是否收费划分，普通国省道可以分为非收费普通国省道和收费普通国省道，其中，收费普通国省道又可以进一步分为政府还贷性普通国省道和经营性普通国省道。

（1）非收费普通国省道的会计主体

按照《江苏省公路条例》的规定，对于非收费普通国省道来说，市级公路管理机构承担普通国省道的资产管理权，市级公路管理机构应当作为该类公路资产的会计主体。

特别的,在现行公路投资体制下,部分县(区)级政府承担了非收费普通国省道的主要投资责任。从财政事权和支出责任角度来看,县(区)级政府应当将这一类公路资产反映在本级政府的政府财务报告当中。因此,对于由县(区)级政府承担了主要投资责任的非收费普通国省道,应当由县(区)级公路管理机构作为该类公路资产的会计主体。

(2) 政府还贷性普通国省道的会计主体

对于政府还贷性普通国省道而言,无论是由公路管理机构筹资、建设,还是由地方融资平台公司筹资、建设,该类公路的资产管理权最终由公路管理机构承担。因此,公路管理机构应当作为政府还贷性普通国省道的会计主体。

但是,具体由哪一层级的公路管理机构来负责核算与报告工作,还需要结合政府投资的因素来确定。如果由市级政府承担主要投资,则该公路资产的会计主体为市级公路管理机构;如果由县(区)级政府承担主要投资,则该公路资产的会计主体为县(区)级公路管理机构。

(3) 经营性普通国省道的会计主体

经营性公路的经营权由交通运输主管部门授权,它是依托在公路实物资产之上的一种权利。收费经营权期限到期,公路经营企业应当按照有关规定向交通运输主管部门办理移交手续。从理论上讲,公路经营企业仅仅获得经营性公路一定期限内的收益权,但是并没有取得经营性公路资产的所有权和资产管理权。作为经营权的授予方,交通运输主管部门作为公路资产管理者的身份不以投资经营协议或经营转让协议而改变。

因此,从资产管理权角度来看,作为经营性公路的资产管理者,交通运输主管部门是该类公路资产的政府会计主体。在实际操作中,由交通运输主管部门委托公路管理机构行使资产管理权,公路管理机构作为经营性公路资产的政府会计主体。具体来说,如果由省级交通运输主管部门授予经营权,则该类公路资产的会计主体为省交通运输厅公路局;如果由市级交通运输主管部门授予经营权,则该类公路资产的会计主体为市级公路管理机构;如果由县(区)级交通运输主管部门授予经营权,则该类公路资产的会计主体为县(区)级公路管理机构。

但是,考虑到实际情况,公路经营企业承担着在约定经营期限内公路的管理养护工作,能够实际掌握公路资产的价值变动情况。因此,公路经营企业可以负责经营性公路资产的会计核算工作,但是需要向交通运输主管部门、公路管理机构报送公路资产报告。

值得强调的是,由于公路经营企业按照《企业会计准则》的相关要求对取得的经营权进行核算,在向交通运输主管部门、公路管理机构报送公路资产报告时,公路经营企业需要按照政府财务报告的相关口径予以调整。

综上所述,对于经营性普通国省道而言,公路管理机构不具体负责该类公路资产的会计核算工作,仅作为该类公路资产的报告主体。

5.1.5.2 农村公路的会计主体

《江苏省农村公路管理办法》中对农村公路的管理做了详细规定,具体如表5-2所示。

表5-2 农村公路的相关管理规定

相关规定	具 体 内 容
第四条	县级人民政府是本行政区域内农村公路规划、建设、养护、管理的责任主体;乡(镇)人民政府负责本行政区域内乡道的建设、养护工作,并组织协调村民委员会配合做好农村公路的建设、养护和管理工作
第五条	县级以上地方人民政府交通运输主管部门可以委托公路管理机构依法行使农村公路行政管理职责。县(市、区)交通运输主管部门没有设立公路管理机构的,可以委托设区的市公路管理机构的派出(直属)机构依法行使农村公路行政管理职责
第十八条	县(市、区)交通运输主管部门的公路管理机构应当加强对县道的养护,并对乡道的养护进行技术指导和质量督查。乡(镇)人民政府应当明确相应机构或者人员负责乡道的日常养护工作,并采取有效措施,支持公路管理机构做好县道的养护工作

从以上规定来看,县(市、区)交通运输主管部门的公路管理机构拥有县道公路资产的管理权,应当作为县道公路资产的会计主体。但是,县级公路管理机构只是对乡道进行行业指导,并不具有乡道公路资产的管理权。为了加强乡道的公路管理工作,可以由县级人民政府制定具体实施办法,指定由县级公路管理机构负责乡道公路资产的核算和报告工作。在这种情况下,县级公路管理机构可以作为农村公路的会计核算主体和报告主体。

5.1.5.3 高速公路的会计主体

根据《江苏省高速公路管理条例》的规定,高速公路可以分为政府还贷性高速公路和经营性高速公路。

(1) 政府还贷性高速公路的会计主体

目前,江苏省高速公路经营管理中心承担了政府还贷性高速公路的投资、经营、养护工作,但是高速公路经营管理中心只是取得了该类公路资产的经营权,并没有获得资产管理权。事实上,江苏省高速公路管理局负责全省高速公路的路政管理、路网管理、道路运输监督检查,以及养护、经营服务、收费的监督管理工作,是全省高速公路的资产管理主体。

然而,由于江苏省高速公路经营管理中心在具体负责政府还贷性高速公路的建设、运营、养护管理的整个过程中,能够实际掌握该类公路资产的价值变动情况,因此,江苏省高速公路经营管理中心可以作为政府还贷性高速公路的会计核算主体,但是需要向江苏省高速公路管理局报送公路资产报告。江苏省高速公路管理局仅作为政府还贷性高速公路的报告主体。

(2) 经营性高速公路的会计主体

除了政府还贷性高速公路之外,江苏省高速公路投融资还采用市场化方式,由企业作为投融资主体,负责高速公路投资建设。高速公路的投融资主体有两类:一类是省级投融资主体,即江苏交通控股有限公司;另一类是市级投融资主体,具体由市级政府或交通运输主管部门下属的高速公路企业负责实施,主要在南京市、苏州市、常州市。

与经营性普通国省道的性质一样,高速公路经营企业仅仅获得经营性高速公路一定期限内的收益权,并没有取得经营性高速公路资产的所有权和资产管理权。但是,考虑到实际情况,高速公路经营企业承担着在约定经营期限内公路的养护工作,能够具体掌握该类公路资产的价值变动情况。因此,对于由省级投融资主体建设的高速公路,江苏交通控股有限公司可以作为该类高速公路资产的会计核算主体,但是需要向江苏省高速公路管理局报送公路资产报告;对于由市级投融资主体建设的高速公路,市级政府或交通运输主管部门下属的高速公路企业负责该类高速公路资产的会计核算工作,并需要向市级公路管理机构报送公路资产报告。

此外,由于高速公路经营企业按照《企业会计准则》的相关要求对取得的经营权进行核算,因此在向省高速公路管理局或市级公路管理机构报送公路资产报告时,高速公路经营企业需要按照政府财务报告的相关口径予以调整。

综上所述,我们将"资产管理权"作为确定公路资产会计主体的优先原则,同时还综合考虑了"财权与支出责任划分""实际经营管理"等方面的因素,探讨了不同类型公路资产的会计主体,如表 5-3 所示。

表 5-3　不同类型公路资产的会计主体确定

公路类型	会计报告主体	会计核算主体
一、普通国省道		
(一)非收费普通国省道		
(1)市级政府承担主要投资	市级公路管理机构	市级公路管理机构
(2)县级政府承担主要投资	县级公路管理机构	县级公路管理机构
(二)政府还贷性普通国省道		
(1)市级政府承担主要投资	市级公路管理机构	市级公路管理机构
(2)县级政府承担主要投资	县级公路管理机构	县级公路管理机构
(三)经营性普通国省道		
(1)省级部门授予经营权	省交通运输厅公路局	公路经营企业
(2)市级部门授予经营权	市级公路管理机构	公路经营企业
(3)县级部门授予经营权	县级公路管理机构	公路经营企业
二、农村公路	县级公路管理机构	县级公路管理机构
三、高速公路		
(一)政府还贷性高速公路	省高速公路管理机构	省高速公路经营管理中心
(二)经营性高速公路		
(1)省级投融资主体	省高速公路管理机构	江苏交通控股有限公司
(2)市级投融资主体(南、苏、常)	市级公路管理机构	高速公路经营企业

5.2　基于规范化会计核算体系设计与现行公路管理体制制约的会计主体确定研究

5.2.1　规范化会计核算体系设计与现行公路管理体制的制约

5.2.1.1　以规范化会计核算体系为基础的公路资产会计主体确定

《权责发生制政府综合财务报告改革方案》和《政府会计准则——基本准则》是规范化政府会计核算体系设计的基本依据。《权责发生制政府综合财务报告制度改革方案》提出要建立统一、科学、规范的政府会计核算体系;《政府会计准则——基本准则》正式确立了政府预算会计和财务会计并轨运行的模式。因此,规范化的政府会计核算体系是在同一会计核算系统中实现财务会计与预算会计的双功能,其中:财务会计采用权责发生制,预算会计采用收付实现制,通过财务会计核算形成财务报告,通过预算会计核算形成决算报告,使得政府会计核算既能反映预算收支等预算管理所需信息,又能反映政府资产负债状况和运行成本。

总之,规范化的公路资产会计核算体系,是在《权责发生制政府综合财务报告制度改革方案》《政府会计准则——基本准则》等指导下,设计全新的、自成系统的核算体系。在规范化的政府会计核算体系下,交通运输主管部门、财政部门、公路管理机构分别承担不同的角色。

(1) 交通运输主管部门

《权责发生制政府综合财务报告制度改革方案》要求政府部门对其代表政府管理的公共基础设施进行核算和反映;《政府会计准则——基本准则》也正式将公共基础设施纳入政府会计核算体系之中;新修订的《行政单位会计制度》则规定:由行政单位直接支配,供社会公众使用的公共基础设施,属于行政单位核算的资产。

由此可见,依据规范化政府会计核算体系的要求,政府部门应当作为公路资产的会计主体。交通运输主管部门接受政府委托,代表政府主管行政区域内的公路事业。因此,交通运输主管部门应当作为公路资产的会计主体,核算和报告由其代表政府管理的公路资产。

(2) 财政部门

财政预算资金投入是公路建设、养护资金的重要来源。财政部门应当核算与公路资产相关的预算资金拨付业务,如建设公路的财政资金投入、公路养护资金的拨付,由此作为决算报告中相关项目的填报基础。

另外,按照《权责发生制政府综合财务报告改革方案》,财政部门应当编制政府综合财务报告,反映政府整体的财务状况、运行情况和财政中长期可持续性。公路资产是政府资产的重要组成部分,财政部门应该在交通运输主管部门编制的政府部门财务报告基础上,获取与公路资产相关的资产、负债以及权益信息,以此作为政府综合财务报告中相关项目的填报基础。

(3) 公路管理机构

公路管理机构受交通运输主管部门委托,具体承担公路的规划、建设、管理、养护、保护等工作。在规范化会计核算体系下,公路管理机构作为独立的会计主体,核算由其负责管理的公路资产,并向交通运输主管部门报送公路资产报告。但是,交通运输主管部门与公路管理机构之间应当做好账务衔接,以避免重复或遗漏记录与报告。

5.2.1.2 现行公路管理体制对规范化会计核算体系的制约

在构建公路资产会计核算体系时,不仅要遵循政府会计的基本规律来确定公路资产的会计主体,还应当充分考虑现行公路管理体制的制约,不能超越现行的公路管理体制,否则将会面临较大的推行阻力,难以在短期内顺利实施。

现行公路管理体制对规范化会计核算体系下公路资产会计主体确定的制约,主要体现在以下方面:

(1) 虽然交通运输主管部门主管公路事业,但实际上交通运输主管部门将公路资产管理权委托给公路管理机构。交通运输主管部门作为资产管理权的委托方,并不直接负责公路资产的建设、管理、养护等工作,难以对公路资产进行具体核算。但是,交通运输主管部门代表政府管理公路资产,应当向政府和社会公众报告与公路资产相关的信息。因此,即使交通运输主管部门并不是公路资产的核算主体,但是可以通过汇总公路管理机构报送的公路资产报告,成为公路资产的报告主体。

(2) 根据《江苏省农村公路管理办法》的规定,县级以上地方人民政府交通运输主管部门可以委托公路管理机构依法行使农村公路行政管理职责;县(市、区)交通运输主管部门的公路管理机构应当加强对县道的养护,并对乡道的养护进行技术指导和质量督查;乡(镇)人民政府应当明确相应机构或者人员负责乡道的日常养护工作。可以看出,县级公路管理机构具有县道的资产管理权,但对于乡道只是行业指导,并不具有乡道的资产管理权。但是为了加强乡道的公路管理,可以由县级人民政府制定具体实施办法,指定由县级公路管理机构负责县道、乡道等农村公路资产的核算和报告工作。

(3) 地方融资平台公司一般由地方政府及其部门通过财政拨款或注入土地、股权、国债等资产设立,承担政府投资项目融资功能,并拥有独立法人资格。对于由地方融资平台公司负责筹资、建设的政府还贷公路,他们只是对债务资金的形成、债务资金的使用、债务资金的偿还等业务进行核算,以及对运用债务资金所形成的相应债权进行确认与核算,但是并未对公路资产本身进行核算与报告。实际上,地方融资平台公司没有获得政府还贷公路的资产管理权,公路管理机构仍然是政府还贷公路的管理主体。因此,公路管理机构应当负责政府还贷公路的核算与报告工作。

(4) 江苏省高速公路经营管理中心是江苏交通控股有限公司的下属单位，承担政府还贷性高速公路的投资、经营和养护工作。虽然高速公路经营管理中心只是取得政府还贷性高速公路的经营权，但是由于江苏省高速公路经营管理中心在负责政府还贷高速公路的建设、运营、养护管理的整个过程中，能够实际掌握该类公路资产的价值变动情况。因此，江苏省高速公路经营管理中心可以作为政府还贷性高速公路的会计核算主体，江苏省高速公路管理局只作为该类公路资产的会计报告主体。

(5) 无论是经营性高速公路，还是经营性普通国省道，公路经营企业只是获得了公路的经营权，并将取得的经营权作为企业的金融资产或无形资产进行核算。考虑到实际情况，由于公路经营企业承担着在约定经营期限内公路的养护工作，能够具体掌握该类公路资产的价值变动情况，因此公路经营企业可以作为经营性公路资产的会计核算主体，但需要向交通运输主管部门、公路管理机构报送公路资产报告。在向交通运输主管部门、公路管理机构报送公路资产报告时，公路经营企业需要按照政府财务报告的相关口径予以调整。

5.2.2 规范化会计核算体系设计与现行公路管理体制制约下的会计主体确定

在综合考虑规范化会计核算体系设计与现行公路管理体制制约的情况下，本部分探讨公路资产会计主体的确定。

(1) 交通运输主管部门

公路资产是政府为完成受托责任、履行法定职能而为社会提供的重要公共产品，公路资产的价值客观上反映了政府提供公共产品的能力和水平。交通运输主管部门受政府委托负责公路行业管理，从反映与解除公共受托责任的角度来看，交通运输主管部门负有向政府和社会公众报告受托责任履行情况的义务。并且，《权责发生制政府综合财务报告改革方案》明确了行政主管部门作为部门财务报告编制主体的责任。因此，交通运输主管部门应当作为公路资产的报告主体，通过编制与报送政府部门财务报告、公路资产行业报告等来反映受托责任履行情况。

此外，公路管理机构隶属于交通运输主管部门，并受交通运输主管部门的委托具体行使公路资产管理权。因此，公路管理机构应当将本单位财务报告和公路资产行业报告报送至交通运输主管部门。交通运输主管部门通过汇总、合并公路管理机构的财务报告和公路资产行业报告，来编制本级政府部门财务报告和公路资产行业报告。由此可见,相对于公路管理机构来说,交通运输主管部门是较高层次的报告主体。

(2) 财政部门

从财政预算资金投入角度来看,各级政府财政部门应当对所投入的财政预算资金进行核算,反映与公路投资相关的财政预算资金拨付业务,由此作为政府综合财务报告和决算报告中相关项目的填报基础,并汇总编报政府综合财务报告和决算报告。

(3) 公路管理机构

公路管理机构接受交通运输主管部门委托行使公路的资产管理权,应当作为公路资产的会计主体。对于特殊类型的公路资产,应当分不同情况讨论,具体如下:

① 为了加强县道、乡道的公路管理工作,可以由县级人民政府制定具体实施办法,指定由县级公路管理机构负责县道、乡道公路资产的核算和报告工作。在这种情况下,县级公路管理机构可以作为农村公路的会计核算和报告主体。

② 对于由地方融资平台公司负责筹资、建设的公路,地方融资平台公司只是对由债务融资所形成的债权债务进行核算,并非对公路资产进行核算。公路管理机构在接受地方融资平台公司移交的公路资产时,应当将公路资产的价值反映到本单位账务中。

③ 对于政府还贷性高速公路,由高速公路经营管理中心作为该类公路资产的会计核算主体,并需要向江苏省高速公路管理局报送公路资产报告。江苏省高速公路管理局仅作为政府还贷性高速公路的报告主体。

④ 公路经营企业承担着在约定经营期限内公路的养护工作,能够实际掌握公路资产的价值变动情况。因此,公路经营企业可以作为经营性公路资产的会计核算主体,但需要向交通运输主管部门、公路管理机构报送公路资产报告。公路管理机构仅作为经营性公路资产的报告主体。

5.3 公路资产会计主体确定的原则

根据上述分析,本书认为在界定公路资产的会计主体时,应当遵循以下四个原则:资产管理权原则、事权划分原则、财政预算拨款关系原则、受托责任原则。其中,资产管理权是确定公路资产会计主体的基础,应当作为界定公路资产会计主体的优先原则。此外,在确定公路资产会计主体时,我们不仅要以资产管理权原则为分析主线,同时还要综合考虑事权划分、财政预算拨款、受托责任等方面的因素。

5.3.1 资产管理权原则

公路资产的国有性质决定了公路资产管理主体是政府及其授权的单位。公路资产管理是从维护公路资产所有权出发,对公路资产的使用、收益、处置等进行的管理。公路资产管理者负有管理和保护公路的责任。

公路资产管理者负责公路资产路政管理、养护管理等工作,对公路资产构成了实际"控制",能够掌握公路资产的价值变动情况,从而真实地反映公路资产的价值状况。易言之,哪一单位承担了公路的资产管理权,就承担了对公路资产进行核算与报告的责任。因此,拥有公路资产管理权的单位,应当作为公路资产的会计主体。

5.3.2 事权划分原则

根据《国务院关于推进中央与地方财政事权和支出责任划分改革的指导意见》(国发〔2016〕49号),财政事权是一级政府应承担的运用财政资金提供基本公共服务的任务和职责,属于地方的财政事权原则上由地方通过自有财力安排。事权划分明确了承担财政事权和支出责任的相应政府层级,是落实基本公共服务提供责任的基础和依据。

按照事权划分原则,可以具体确定哪一层级政府所属的公路管理机构作为会计主体。从公路资产会计主体所属的政府层级来看,如果某级政府承担了公路资产投资的主要事权或者承担了主要的支出责任,那么该层级政府就应当对公路资产进行核算和报告,具体由该层级政府所属的公路管理机构作为公路资产的会计主体。

5.3.3 财政预算拨款关系原则

财政预算是政府活动计划的一个反映,它体现了政府及其财政活动的范围、政府在特定时期所要实现的政策目标和政策手段。根据《政府会计准则——基本准则》的规定,与政府财政部门直接或间接发生拨款关系的部门或单位,应当将发生的各项经济业务或事项统一纳入会计核算,确保会计信息能够全面反映会计主体的预算执行情况和财务状况、运行情况和现金流量等。

依据财政预算拨款关系,与政府财政部门发生预算拨款关系的交通运输主管部门、公路管理机构,应全面确认、计量、记录、报告公路资产的取得、运行和处置情况。

5.3.4 受托责任原则

公共受托责任包括行为受托责任和报告受托责任两个层面：一方面，政府部门应当从社会公共利益出发，管理好社会公众托付的公共财产，履行好国家和社会公共事务管理职责；另一方面，政府部门应当向公众及其代表报告其受托责任履行情况，以解除公共受托责任。

交通运输主管部门、公路管理机构受各级政府的委托，从事公路资产管理工作，受托人应当通过公路资产行业报告、政府部门财务报告等向政府和社会公众反映其受托责任履行情况，以便于全面分析、预测公路的投资、建设、运行情况，判断政府提供公共产品的能力和水平。

5.4 公路资产会计主体的具体界定

根据以上公路资产会计主体的确定原则，按照公路资产会计主体的性质，可以把公路资产的会计主体分为两类，即：公路资产的事业单位会计主体、公路资产的行政单位会计主体。

5.4.1 公路资产的事业单位会计主体

公路管理机构受交通运输主管部门委托行使公路的资产管理权，对所管理的公路资产形成了实质"控制"。公路管理机构既处于公路资产管理纵向链条的末端，也是公路资产维护资金的预算单位和使用单位，负有对公路资产管理维护的职责。因此，公路管理机构应当作为公路资产的会计主体。其中：

5.4.1.1 非收费普通国省道

（1）根据资产管理权原则：一般情况下，市级公路管理机构是该类公路资产的会计核算主体和报告主体。

（2）结合事权划分原则：如果县（区）级政府承担了主要投资责任，则应当由县（区）级公路管理机构作为该类公路资产的会计核算主体和报告主体。

5.4.1.2 政府还贷性普通国省道

按照资产管理权原则，市级公路管理机构为该类公路资产的会计核算主体和报告主体。结合事权划分原则，具体又分为以下情况：

（1）如果由市级政府承担主要投资责任，则该公路资产的会计核算主体和报告主体为市级公路管理机构；

(2) 如果由县(区)级政府承担主要投资责任,则该公路资产的会计核算主体和报告主体为县(区)级公路管理机构。

5.4.1.3 经营性普通国省道

(1) 首先,按照资产管理权原则,市级公路管理机构为该类公路资产的会计核算主体和报告主体。

(2) 其次,考虑到公路资产经营权的委托情况,具体又分为:

① 如果是由省交通运输厅授予的经营权,则该公路资产的会计核算主体和报告主体为省交通运输厅公路局;

② 如果是由市级交通运输主管部门授予的经营权,则该公路资产的会计核算主体和报告主体为市级公路管理机构;

③ 如果是由县(区)级交通运输主管部门授予的经营权,则该公路资产的会计核算主体和报告主体为县(区)级公路管理机构。

(3) 最后,结合经营性公路资产的实际投资、建设、管理养护情况,公路经营企业实际掌握公路资产的价值变化状况。因此,公路经营企业可以作为该类公路资产的会计核算主体,并需要向交通主管部门、公路管理机构报送公路资产报告。公路管理机构仅为该类公路资产的报告主体。

5.4.1.4 农村公路

按照资产管理权原则,县(区)级公路管理机构是农村公路资产的会计核算主体和报告主体。

5.4.1.5 政府还贷性高速公路

(1) 根据资产管理权原则:江苏省高速公路管理机构是政府还贷性高速公路的会计核算主体和报告主体。

(2) 结合政府还贷性高速公路资产的实际投资、建设、管理养护情况,江苏省高速公路经营管理中心可以作为该类公路资产的会计核算主体,同时负有向江苏省高速公路管理局报送公路资产报告的义务。江苏省高速公路管理局仅作为该类公路资产的报告主体。

5.4.1.6 经营性高速公路

(1) 根据资产管理权原则:江苏省高速公路管理局是经营性高速公路的会计核算主体和报告主体。

(2) 结合经营性高速公路资产的实际投资、建设、管理养护情况,需要分以下两种情况:

① 对于由省级投融资主体建设的高速公路,江苏交通控股有限公司可

以作为该类公路资产的会计核算主体,并需要向江苏省高速公路管理局报送公路资产报告;江苏省高速公路管理局作为该类公路资产的会计报告主体。

② 对于由市级投融资主体建设的高速公路,市级政府或交通运输主管部门下属的高速公路企业可以作为该类公路资产的会计核算主体,并需要向市级公路管理机构报送公路资产报告。市级公路管理机构仅作为该类公路资产的会计报告主体。

根据上述分析,我们在优先考虑以"资产管理权"作为公路资产会计主体确定原则的情况下,同时结合实际情况兼顾其他原则,进而确定了不同类型公路资产的会计核算主体和报告主体。如表5-4所示。

5.4.2 公路资产的行政单位会计主体

(1) 交通运输主管部门

从公共受托责任角度来看,交通运输主管部门接受政府委托管理公路资产,负有向政府和社会公众报告的义务。因此,交通运输主管部门是政府部门财务报告和公路资产行业报告的编制主体。

根据会计基本理论,较高层级的公路资产报告主体,不必通过设置完整的会计核算账户以形成本级部门的资产报告,它可以通过合并有关下属层次公路资产报告形成更大范围主体的报告。因此,交通运输主管部门可以通过汇总、合并公路管理机构的财务报告和公路资产行业报告,来编制本级政府部门财务报告和公路资产行业报告。

(2) 财政部门

从财政预算资金投入角度来看,各级政府财政部门应当对所投入的财政预算资金进行核算,反映与公路投资相关的财政预算资金拨付业务,由此作为政府财务报告和决算报告中相关项目的填报基础。

此外,财政部门是政府综合财务报告的编制主体。财政部门应当在交通运输主管部门编制的政府部门财务报告的基础上,获取与公路资产相关的资产、负债以及权益信息,将其作为政府综合财务报告中相关项目的填报依据。

总之,不同类型的公路资产及其会计主体,如图5-1所示。

表 5-4 不同类型公路资产的会计主体确定

公路类型	资产管理权			综合考虑其他原则		
	会计核算主体	会计报告主体		会计核算主体	会计报告主体	
一、普通国省道						
(一)非收费普通国省道						
(1)市级政府承担主要投资	市级公路管理机构	市级公路管理机构		市级公路管理机构	市级公路管理机构	
(2)县级政府承担主要投资	县级公路管理机构	县级公路管理机构		县级公路管理机构	县级公路管理机构	
(二)政府还贷性普通国省道						
(1)市级政府承担主要投资	市级公路管理机构	市级公路管理机构		市级公路管理机构	市级公路管理机构	
(2)县级政府承担主要投资	县级公路管理机构	县级公路管理机构		县级公路管理机构	县级公路管理机构	
(三)经营性普通国省道						
(1)省交通部门授予经营权	省交通运输厅公路局	省交通运输厅公路局		公路经营企业	省交通运输厅公路局	
(2)市级部门授予经营权	市级公路管理机构	市级公路管理机构		公路经营企业	市级公路管理机构	
(3)县级部门授予经营权	县级公路管理机构	县级公路管理机构		公路经营企业	县级公路管理机构	
二、农村公路	县级公路管理机构	县级公路管理机构		县级公路管理机构	县级公路管理机构	
三、高速公路						
(一)政府还贷性高速公路	省高速公路管理机构	省高速公路管理机构		省高速公路经营管理中心	省高速公路管理机构	
(二)经营性高速公路						
(1)省级投融资主体	省高速公路管理机构	省高速公路管理机构		江苏交通控股有限公司	省高速公路管理机构	
(2)市级投融资主体(南京,苏州,常州)	市级公路管理机构	市级公路管理机构		高速公路经营企业	市级公路管理机构	

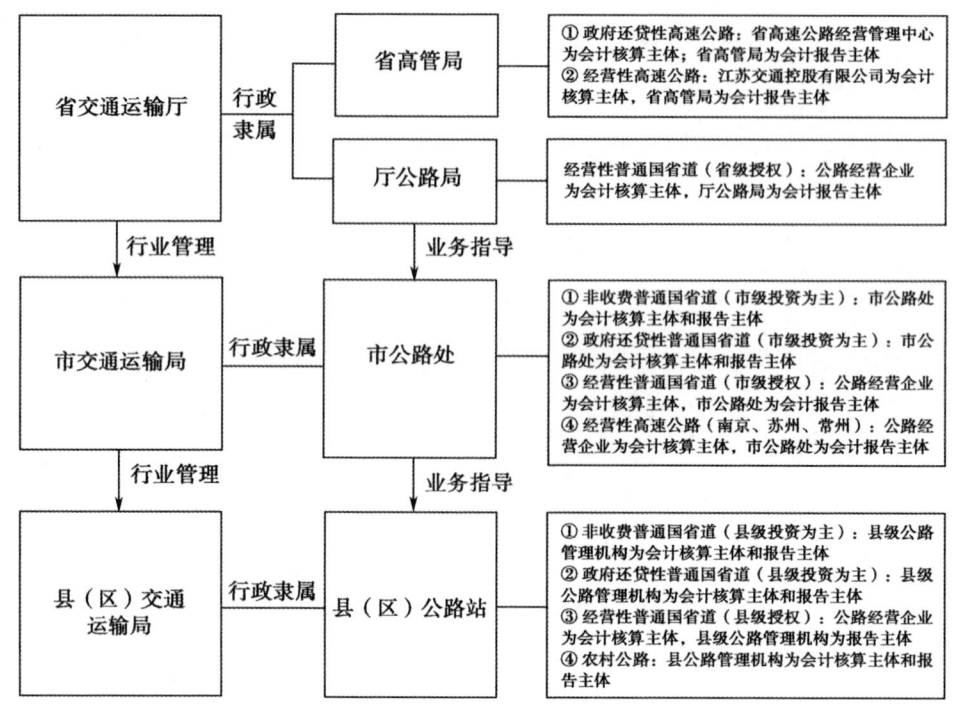

图 5-1　不同类型的公路资产及其会计主体确定

5.4.3　公路资产会计主体之间的关系

5.4.3.1　公路管理机构与交通运输主管部门之间的关系

公路管理机构隶属于交通运输主管部门,并受交通运输主管部门的委托具体行使公路资产管理权。公路管理机构负有向交通运输主管部门报告的义务,应当将本单位财务报告和公路资产行业报告报送至交通运输主管部门。

根据《政府部门财务报告编制操作指南(试行)》(财库〔2015〕223号)第一章第五条的规定:政府部门财务报告由纳入部门决算管理范围的行政单位、事业单位和社会团体逐级编制。各单位应当按照规定编制本单位财务报告并报送上级单位;上级单位除编制本单位财务报告外,还应当按照本指南规定对所属单位财务报表进行合并,撰写财务分析,形成合并财务报告。主管部门编制的合并财务报告,即部门财务报告。

因此,从各级交通运输主管部门编制政府部门财务报告的角度来看,应当分为以下几步:

(1) 县（区）层面的政府部门财务报告

首先，由承担公路资产管理权的县（区）公路管理机构，编制本单位的财务报告；然后，县（区）公路管理机构将本单位财务报告报送至县（区）交通局，县（区）交通局将县（区）公路管理机构报送的财务报告与本单位财务报告进行汇总、合并、抵消，形成县（区）层面的政府部门财务报告。

(2) 市级层面的政府部门财务报告

首先，由承担公路资产管理权的市级公路管理机构，编制本单位的财务报告；其次，市级交通运输局将市级公路管理机构编制的财务报告与本单位财务报告进行汇总、合并、抵消，形成市级层面的政府部门财务报告。

(3) 省级层面的政府部门财务报告

首先，由承担公路资产管理权的厅公路局、省高速公路管理局，编制或汇总编制本单位的财务报告；其次，省交通运输厅将厅公路局的财务报告、省高速公路管理局的财务报告与本单位财务报告进行汇总、合并、抵消，形成省级层面的政府部门财务报告。

此外，在现行的公路管理体制下，公路管理机构受上一级公路管理机构的行业管理和业务指导，公路经营企业受公路管理机构的行业管理和业务指导。为了加强公路行业管理工作，便于行业管理部门全面掌握公路资产的物理信息和价值信息，公路经营企业应当向公路管理机构报送公路实物资产报告（行业报告），同时公路管理机构应当向上一级公路管理机构报送公路实物资产报告。公路实物资产报告主要包括公路资产价值构成、折旧费用、在建工程、养护费用、公路资产拥有量等方面的详细信息。

5.4.3.2 交通运输主管部门与财政部门之间的关系

根据《中华人民共和国预算法》的规定，全国预算由中央预算和地方预算组成，地方各级预算由本级预算和汇总的下一级总预算组成，没有下一级预算的，总预算即指本级预算。

依据财政预算拨款关系，各级交通运输主管部门应当将编制的政府部门财务报告报送至同级财政部门。财政部门在交通运输主管部门编制的政府部门财务报告基础上，获取与公路资产相关的资产、负债以及权益信息，以此作为政府综合财务报告中相关项目的填报基础。

具体来说：

(1) 县（区）财政部门根据县（区）交通运输局编制的政府部门财务报告，获取与公路资产相关的资产、负债以及权益信息，以此作为县（区）层面政府综合财务报告中相关项目的填报基础；

（2）市级财政部门根据各个县（区）层面政府综合财务报告、市级交通运输局编制的政府部门财务报告进行信息提取、汇总、合并，作为市级政府层面的综合财务报告中相关项目的填报基础；

（3）省级财政部门根据各个市级层面政府综合财务报告、省直管县的政府综合财务报告、省交通运输厅编制的政府部门财务报告进行信息提取、汇总、合并，作为省级政府层面的综合财务报告中相关项目的填报基础。

特别的，对于"省直管县"的县级财政部门，由县级财政部门直接将县级层面的政府综合财务报告报送至省级财政部门。

根据上述分析，政府部门财务报告、政府综合财务报告和公路资产行业报告的编制与汇总关系，如图 5-2 所示。

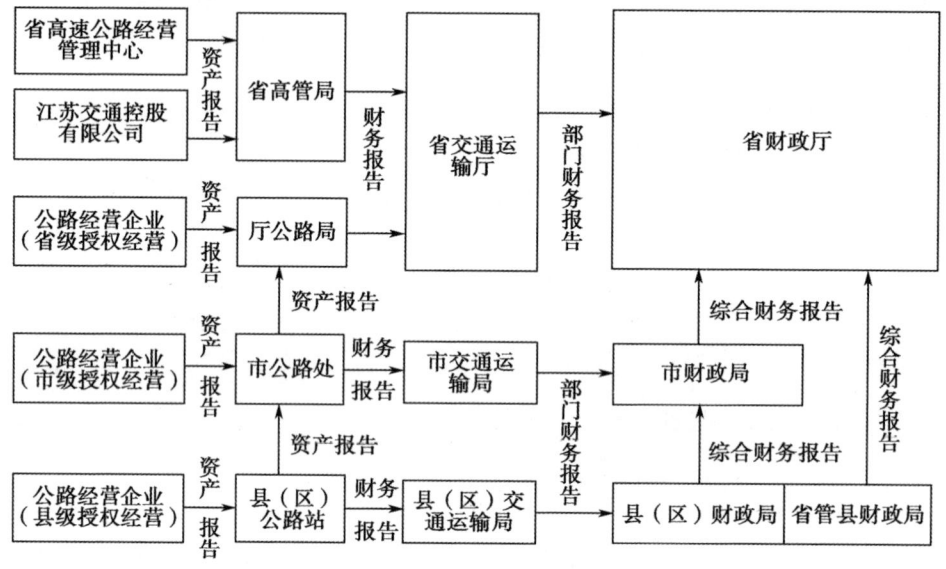

图 5-2　不同公路资产会计主体之间的关系

本章结语：

本章主要解决"谁来核算和报告"的问题。首先，分别探讨不同权利主体作为公路资产会计主体的可行性，并从不同角度进行论证，最终我们认为可以将"资产管理权"作为确定公路资产会计主体的优先原则，同时还需要综合考虑事权划分、实际经营管理等方面的因素。

然后，在综合考虑规范化会计核算体系设计与现行公路管理体制制约的情况下，分别讨论交通运输主管部门、财政部门、公路管理机构在公路资产核算与报告中所承担的角色。

再者，确定了公路资产会计主体确定的四个原则，即：资产管理权原则、事权划分原则、预算拨款关系原则和受托责任原则。其中，资产管理权是确定公路资产会计主体的基础，应当作为界定公路资产会计主体的优先原则。此外，在确定公路资产会计主体时，我们不仅要以资产管理权原则为分析主线，同时还要综合考虑事权划分、财政预算拨款、受托责任等方面的因素。

最后，根据公路资产会计主体的确定原则，按照公路资产会计主体的性质，可以把公路资产的会计主体分为事业单位会计主体和行政单位会计主体两大类。其中：公路管理机构为公路资产的事业单位会计主体，公路资产的行政单位会计主体包括财政部门和交通运输主管部门。在此基础上，从政府部门财务报告、政府综合财务报告以及公路资产行业报告编制的视角，探讨了不同公路资产会计主体之间的关系。

第 6 章 公路资产的会计对象研究

本部分首先从所有权、资产管理权角度探讨会计对象的确定,然后从会计对象的确定与现行公路管理体制协同、会计对象的组成与公路管理体制的协调等方面进行探讨,在此基础上尝试对公路资产的会计对象进行界定。

6.1 以所有权与资产管理权为基础的会计对象确定研究

本部分首先分析公路资产所有权的内涵,在此基础上阐述各级政府投资在公路资产形成过程中发挥的作用,以及各级政府财政部门应当核算的对象;其次,通过对资产管理权的分析,揭示资产管理者在公路资产使用过程中发挥的作用,以及资产管理者应当核算的对象。本部分的分析,可为公路资产会计对象组成的划分奠定基础。

6.1.1 以所有权为基础的会计对象确定研究

我国物权法确立了公路资产的国有属性。国家本身的概念具有抽象性和模糊性,公路所有权的实际行使者是中央政府和地方政府机关。

公路所有权的内涵包括占有、使用、收益、处分四项权能。具体来说:由于公路的广泛性和普遍性,各级政府机关或公路经营企业代为行使占有权。国家筹集资金建设公路,是物权原始取得的一种方式。我国公路筹资建设大致经历了"政府投资—政府投资以及征收公路养路费—政府投资、道路收费及吸收新的资金来源—公路收费尤其是公路经营权转让"四个阶段。资金的筹集方式影响公路使用、收益权的分配,但处分权始终由国家所有。

从公路资产所有权具体的四项权能来看,尽管各级政府机关并不完全掌握公路的占有、使用、收益权,但财政性资金在公路资产形成的过程中发挥了基础性的作用,各级财政部门应当核算与公路资产相关的预算资金拨付业务,这也是各级政府履行经济建设和社会服务职能的体现。而公路建设项目竣工验收合格并交付使用时,才能被确认为一项资产,在此之前,资金的运动并未形成资产。在公路交付使用之后,由交通运输主管部门行使资产管理权,因而财政部门不应核算公路资产,也不具备核算公路资产的客观条件。尽管财政部门不直接核算公路资产,但最终能够获得公路资产的价值信息,满足各级政府的需求。因此,各级政府财政部门核算的对象是投入的资金,资金运动尚未形成公路资产。

6.1.2 以资产管理权为基础的会计对象确定研究

公路资产的国有性质决定了其资产管理的主体是国家,责任范围囊括了公路的规划、建设、养护和保护等各方面。按照我国的法律法规和实际实践,各级交通运输主管部门是国家行使公路资产管理权的代表,代为行使公路资产管理职责,以保持公路资产的完整性,提高公路资产的社会价值。

随着我国经济体制改革的深入,我国开放公路开发经营,逐步打破了国家财政单一投资模式,公路的资产结构变成以国有控股为主、国内外企业参股等多种经济成分的公有制形式,资产管理体制呈现事业资产管理和企业资产管理并存的格局。

事业单位管理即公路管理机构在各级交通运输主管部门的领导下独立行使公路具体管理职责。公路发展可分为公路建设和公路养护,公路建设是公路的扩大再生产,公路养护是维持公路的简单生产。对于资产管理者而言,公路资产在管理权限确定时已经形成,公路管理机构实际代行公路资产管理权,应对相应的公路实物资产进行核算,全面持续地反映公路资产的价值状况,防止公路资产流失、损坏,便于交通运输主管部门掌握公路资产实际价值。同时,公路的资产管理权包含养护管理权,公路管理机构行使养护管理权,掌握公路资产的使用过程中的养护支出,也应对公路使用过程中的资金运动进行核算,以全面反映公路资产的价值变化。在实务中,存在公路管理机构通过签订协议委托企业开展养护业务的现象,企业承接的是养护业务,职责是按照技术标准和操作规程,搞好养护生产,保持良好路况,维护公路有形资产,因此应当核算养护业务支出。虽然公路养护企业需要核算养护支出,但养护管理权始终由公路管理机构行使,公路养护企业无权对公路资产进行核算。

企业单位管理指地方人民政府成立的具有融资平台性质的国有独资公路经营企业和通过交易或投资取得收费经营权的公路经营企业对公路进行

管理。公路经营企业实际掌握的是一定期限的收费经营权,企业在收费期内确认收费权益,但不拥有公路实物资产,期满需将公路实物资产完好地移交给交通运输主管部门。实际上,交通运输主管部门履行公路资产管理权,则应对职责范围内的公路实物资产进行核算,交通运输主管部门可委托相应公路管理机构代行其权责,即公路管理机构对相应的公路实物资产进行核算。

因此,资产管理者核算的对象是公路资产,在管理权限确定时,资产管理者就有义务对公路实物资产进行核算,并保持公路资产的完整,保障公路运输服务能力的发挥。

6.2 会计对象确定与现行公路管理体制的协同研究

本部分从规范化会计核算体系角度分析公路资产的会计对象,并充分考虑现行体制的约束,在两者双向协调之下探讨公路资产的会计对象确定问题。

(1) 规范化会计核算体系下的会计对象确定

根据《政府会计准则——基本准则》,政府会计主体应当对其自身发生的经济业务或者事项按照其经济实质进行会计核算,不限于以经济业务或者事项的法律形式为依据。公路资产的终极所有权在于国家,按照国务院规定,公路建设项目应保持一定水平的资本金投入,其中:政府部门或者机构代表国家投资,以国有资产投入公司形成的资本金即国家资本金;通过投资机构投入公司的,政府部门专项用于公路建设的资金,作为公司的法人资本金。

政府会计主体投入到公路建设中的资金,其资金运动的最终结果是形成实物公路资产。因此,从经济实质上来看,政府会计主体不仅应当核算投入的资金,还应当核算投资形成的实物资产。

(2) 现行公路管理体制的制约

现行公路管理体制对公路资产会计对象确定的制约,主要体现在以下方面:

第一,交通运输主管部门委托相关公路管理机构代行其资产管理权,具体落实诸如路政管理、养护管理等职责;但也存在地方人民政府成立的具有融资平台性质的国有独资公路经营企业,对公路资产进行养护,或公路管理机构委托公路养护公司开展养护活动的现象。部分国有独资公路经营企业前期负责公路的融资和建设,将所建设的公路相关设施确认为企业的资产,以平衡负债。

第二,经营性企业通过交易或投资取得公路资产的收费经营权,取得的是收费权益,而非公路实物资产的所有权,但收费权益的实现依托于实物资产,特许经营期间,经营企业负责公路资产的运营和维护,掌握公路资产的各项信息。

第三,地方成立的交通投资集团公司征得交通运输主管部门同意或签订投资经营协议、转让协议后,由国资委等部门进行监管,容易出现交通运输主管部门政令不通、行业监管难度大、管理成本上升、通行费收入结余不投入公路建设、交通运输主管部门债务负担沉重等问题,不便于政府会计主体按照经济实质对其自身发生的经济业务或者事项进行会计核算。

第四,高速公路经营管理中心作为事业单位负责建设、管理、养护江苏省政府还贷性高速公路,其隶属于江苏交通控股有限公司,此隶属关系不利于政府会计主体全面核算相关公路资产,持续反映公路资产的价值变化。

(3)规范化会计核算体系设计与现行公路管理体制协调的会计对象确定

现行公路管理体制是随着公路事业的发展逐渐形成的,从核算公路资产乃至公共基础设施资产的角度,规范化的政府会计核算体系建立是一项较为长期的目标,改革也远不能一蹴而就。为了应对当前政府综合财务报告编制对公路资产核算提出的迫切需要,应将规范化的政府会计核算体系与现行管理体制之间互相协调,摸索出既能规避已有缺陷,又能为进一步改革奠定一定基础的实践方案,从这个角度来确定公路资产的会计对象。

第一,基于所有权、资产管理权角度的分析,结合江苏省公路资产的投资、建设、管理、养护等现状,各级政府应核算其所投入的资金,由各级政府财政部门核算实际投资。

第二,普通国省道、农村公路和政府还贷收费公路等公路资产的形成离不开各级政府的投资,应当由行使公路资产管理权的单位进行核算,纳入政府会计的核算范围,以使各层级政府掌握相关公路资产的价值情况。但在实践中,通过交易或投资取得收费经营权的公路经营企业实际掌握公路资产的价值变化状况,由公路经营企业对相关公路资产进行核算更具操作性和可行性。同理,经营性高速公路的核算由公路经营企业开展更为便捷。

因此,公路经营企业应当核算其取得收费经营权的公路资产,如实反映公路资产的价值变化情况,按照规定的格式向各级交通主管部门、公路管理机构报送公路资产报告。特别的,对于江苏高速公路而言,应当由高速公路经营管理中心对政府还贷性高速公路进行核算,向江苏省高速公路管理局报送公路资产报告;由江苏交通控股有限公司对其经营范围内的高速公路进行核算,向江苏省高速公路管理局报送公路资产报告;由市高速公路经营企业对市管高速公路进行核算,向市级公路管理机构报送公路资产报告。

6.3 会计对象的组成与公路管理体制的协调研究

本部分从不同角度分析公路实物资产的具体组成部分,考虑到其建设、管理特性等,探讨公路资产会计对象的组成。

6.3.1 基于概预算、决算的公路实物资产组成研究

基本建设概算、预算(简称概预算)是确定公路基本建设费用的文件,是设计文件的重要组成部分,根据各阶段设计的内容和要求,按照各项定额或费用标准,预先计算出公路建设项目(或工程项目)和各项工程所需要的投资额、劳动力、材料物资等。按照《公路工程概、预算编制办法》的规定,路线工程成本对象一般分为:路基工程、路面工程、漫水工程、涵洞工程、小桥、中桥、大桥(指一般大桥)、隧道、清除场地、拆迁建筑物构筑物、交叉道、安全设施、沿线房屋、绿化工程、渡口码头、改河工程、临时工程等。独立大中型桥工程成本对象还分为:桥头引道路基、桥头引道路面、桥头引道涵洞、桥头引道小桥、桥基础工程、桥下部构造、桥上部构造、拆迁建筑构造物、清除场地、临时工程等。

竣工决算表中的《基本建设项目交付使用资产总表》《基本建设项目交付使用资产明细表》将单项工程分为:路基工程、路面工程、交叉工程、防护工程、桥涵工程、互通工程—路桥、涵、通、隧道工程、标志工程、护栏工程、标线工程、隔离栅、环保工程、通讯工程、监控设施、收费设施、房建工程—房屋、建筑物以及房建工程—其他设备。

概预算决算中对于公路实物资产的划分,是从工程建设本身出发的,工程建设的开展必须被细化,有步骤地开展,最终形成公路及相关设施。例如路面工程必须在路基工程完成的基础上开展,部分安全设施需要在路面工程完成的基础上开展。相对于概预算,竣工决算表的分类更具参考价值,因为公路基本建设竣工决算全面反映了竣工项目从筹建到交付使用全过程各项资金的使用情况和设计概算执行的结果,是反映建设成果、确定交付使用财

产价值的依据。但是仅仅从竣工决算的角度来考虑是不够的,还应当考虑到公路交付使用后各个单项工程之间的关系,公路后续养护管理实际中公路资产各组成部分的特点等等,从而最终确定公路资产的组成划分。

6.3.2 基于招投标的公路实物资产组成研究

从公路工程基本建设程序看,施工招、投标是在基本建设概预算之后进行的,一般将公路资产建设的土建工程部分分为路基工程、路面工程、桥梁工程、互通立交工程、隧道工程、环保工程、交通安全设施等,机电工程部分分为监控设施、通信设施、收费设施、低压配电设施、照明设施、隧道机电设施等。土建工程进一步划分为单位工程、分部工程和分项工程。机电工程的技术要求、施工工艺、试验检评方法等与土建部分存在较大的区别,因此将其作为独立的专业单位工程。

招标人可以实行设计施工总承包招标、施工总承包招标或者分专业招标。不同工程项目的规模、复杂程度、技术含量等可能存在较大的差异。招投标环节可能将整个建设项目分割成不同的招标项目,单个项目可能是单位工程、分部工程或分项工程。

从招投标角度来看,不同的施工单位只能确定其负责的部分工程的资金投入,由于单位资质和投标情况各异,不同单位负责各种单位工程、分部工程、分项工程的可能性较多。为了保证数据的准确有效,在划分公路资产的组成时也要适当考虑招投标的情况,避免资金投入归属不明确的情况。

6.3.3 基于后续使用与养护管理的公路实物资产组成研究

除了公路以外,各种相关设施也构成公路提供交通运输服务的基础,为公路提供车辆通行、车辆停靠、旅客上下车或者货物装卸以及与此相关的服务提供了便利,是其社会效益实现的重要物理支撑,不能将其简单物理割裂。但这些不同的设施也存在差异,例如技术要求、施工工艺、养护要求等不同,不能一概而论或随意划分。《关于交通基础设施资产确认、计量与报告的指导意见》中,将公路基础设施分为公路构筑物设施、安全设施、监控设施、环境保护设施和公路运输场站,将具有一定相似特性的资产划归一类,体现出将公路资产按其使用特点和养护需求进行划分的理念。

要综合考虑公路建设项目概预算决算、招投标、后续使用与养护管理来划分公路资产,需要就以下几种情况进行探讨:

第一,概预算决算中的部分工程在建设完成后形成的设施能够独立使用,也不是公路正常使用所必需的相关设施,不能划入公路资产的范畴。例如某些房屋建筑物、设备、车辆等,不能笼统划入公路资产范畴,更适用《政府会计准则第 3 号——固定资产》。但如果是公路基础设施使用不可缺少的相关设施,尽管能够独立使用,但最终要移交给交通运输主管部门,以保持和提升公路服务质量的,也应纳入公路资产的范畴。

第二,概预算决算、招投标从施工的角度划分工程,项目较多,但在公路建设完成后,部分工程在物理上相互依存,难以分割,或者相互联系构成有机整体,提供某一方面的服务,对这些工程需要重新界定归属。例如,路基、路面、桥梁、隧道、涵洞等,形成一个有机的整体,共同实现运输服务能力,其中路基和路面本身的构造就决定了两者的依存关系。因此,尽管路基工程、路面工程、桥涵工程、隧道工程等可能由不同的单位进行建设,在概预算决算中也各自归集价值信息,但是在使用过程中,它们共同构成公路实体,应当归属于"公路构筑物设施"。

对于路基和路面,在实际的养护管理中,常见的是对路面的养护,主要是由于路面直接和车辆等接触,直接承受荷载,路基间接承受荷载,也存在由于路基受到损坏而使路面损坏,以及为修正路基而破坏原有路面的情形。路基和路面的依存关系使得将其分开核算的必要性不足,养护管理单位也没有分开核算的需求,但考虑到路基和路面存在差异,尤其是计提折旧的标准和方法不同,因此为了计提折旧等核算的方便,明确后续支出的归属,应将路基与路面分开核算。另外,桥梁、涵洞、隧道等也有各自的特性,应分开核算,明确价值归属。

第三,部分设施之间相互联系,相互配合,强化了公路使用过程中某方面服务功能的发挥,这些设施也需要重新分类。例如,护栏工程、标线工程、标志工程等建设形成的设施本身依附于公路构筑物设施,也是正常道路通行的必备条件,首先应当划入公路资产范畴,其次应共同归属于"安全设施"。这些工程的特性也使其养护管理方式具有一定的相似性,将其归属于"安全设施"不会妨碍后续养护管理,也能够获取相关数据,以满足报表编制的需求。但为了进一步掌握某一类安全设施的数量和价值情况,可以将其分为护栏、交通指示线、交通灯、交通指示牌等。

类似地,公路绿化相关设施也应和其他设施区分开,在"环保设施"中核算,尽管竣工决算中已经将相关工程合并为环保工程,但考虑到道路绿化与其他设施的差异,也可以进一步将其细分为道路绿化、噪声屏障、隔声窗等。

第四,公路是否收费,其相关设施存在一定的差异。收费公路需要收费设施和监控设施以保障其收费并维持运行秩序,收费期满,不论是事业单位管理还是企业管理的公路都要移交给交通运输主管部门,对于收费设施,如果不属于移交范围,划入公路资产范畴并不合适,如果属于移交范围,则应划入公路资产范围。

对于监控设施,如果是用于监控收费站的监控设施,收费期限届满须随收费站一并拆除,不属于移交资产;如果是用于监控路段车流量的监控设施,在收费期限满后应随公路构筑物一起移交,划入公路资产范畴。另外也有非收费公路设置了一定的监控设施以监控路段运行的情况,同样应划入公路资产范畴。对于监控设施和收费设施,在竣工决算表中分别在"监控设施""收费设施"中作为单项工程反映,因此需要判断是否需要在收费期满后移交,以确定这部分设施的价值。考虑到不同公路移交的监控设施和收费设施可能存在较大差异,而两类设施本身技术特征较为鲜明,因此建议不进一步细分。

综上所述,公路资产组成划分的不同情形如表6-1所示。

表6-1　公路资产的组成

	具体情形	建　　议
公路资产组成划分探讨	独立使用	判断是否为公路正常使用所必需,如果不是,则不能划入公路资产范畴
	不同工程建设完成后相互依存,难以分割	重新分类 例如:路基、路面、桥梁、隧道、涵洞等归属"公路构筑物设施"
	部分设施相互配合,强化了服务功能	重新分类 例如:护栏、交通指示线、交通灯等归属于"安全设施";道路绿化、噪声屏障、隔声窗等归属于"环保设施"
	公路是否收费,其相关设施存在差异	具体分析是否应移交: 移交范围内的收费设施和监控设施应划入公路资产范畴

总的来说,公路资产的组成划分,应当在概预算、决算和招投标的基础上,充分考虑不同设施在使用过程中的功能发挥以及养护管理的需求,也不能脱离现实的管理水平,应减少无用劳动,避免信息失真。

6.4 会计对象的界定

本部分基于前文探讨,对公路资产会计对象进行具体界定。

(1) 基于所有权和资产管理权的会计对象界定

由于不同部门和单位在公路建设和管理中发挥不同作用,不同的权责划分意味着各部门、单位核算的内容也具有差异,即:

① 国务院及地方各级人民政府作为公路国家所有权的行使者,应对其投入的资金进行核算,即中央和地方财政部门应当核算与公路资产相关的预算资金拨付业务;

② 各级交通运输主管部门作为国家所有权代表,代行公路资产管理权,应对其权责范围内的公路资产进行核算,全面持续反映公路资产的价值状况,由于各级交通运输主管部门委托公路管理机构具体履行公路资产管理权,应由公路管理机构对相关公路资产进行核算。公路管理机构委托企业开展公路养护业务,企业只能核算相关养护活动支出,不能核算公路资产。

另外,对于政府还贷性高速公路,由高速公路经营管理中心进行会计核算,并需要向江苏省高速公路管理局报送公路资产报告;对于企业管理的经营性公路,由公路经营企业进行会计核算,并需要向相关交通运输主管部门、公路管理机构(高速公路管理机构)报送公路资产报告。具体如表6-2所示。

表6-2 不同部门和单位的职责与履行方式

部门/单位	权责	履行方式
交通运输主管部门	拥有资产管理权	委托公路管理机构代行资产管理权
公路管理机构	具体行使资产管理权	核算公路资产
		报告由公路经营企业核算的公路资产
	履行养护管理权	委托养护公司开展养护业务
高速公路管理机构	具体行使资产管理权	报告高速公路经营管理中心和公路经营企业核算的相关公路资产

续表

部门/单位	权责	履行方式
公路经营企业	一定期限的经营权	核算相关公路资产,并向公路管理机构/高速公路管理机构报送公路资产报告
高速公路经营管理中心	政府还贷高速公路的经营权	核算公路资产,并向高速公路管理机构报送公路资产报告
公路养护公司	负责养护生产业务	核算养护活动支出,不核算公路资产

(2) 公路资产组成的划分

公路资产内涵丰富,不仅仅指公路本身,还包括与公路一起长期投入使用,实现服务能力的相关设施,它们是公路运输社会效应实现的重要物理支撑,是公路使用过程中所不可缺少的。对于公路实物资产组成的具体划分,综合考虑公路工程概预算决算、招投标、公路使用与养护管理实际、政府综合财务报告对会计信息质量的要求以及实务需要,我们建议将公路实物资产分为两大类,即公路构筑物设施和沿线设施,具体来说:

① 公路构筑物设施即构成公路主体的各部分,包括路基、路面、桥梁、隧道、涵洞等,建设过程中可能存在单独立项建设的桥梁等,但这也是与公路主体相配合实现运输服务的,从其服务能力的实现角度考虑,认为其可以并入所在区域的公路资产范围。

② 公路沿线设施包括安全设施、环保设施、监控实施、收费设施等。其中:

安全设施是指在交通安全上发挥指示作用的相关设施,包括护栏、交通指示线、交通灯、交通指示牌等。

环保设施包括道路绿化、噪声屏障、隔声窗等。

监控设施是指监控交通运行情况的系统、线路和检测器具等。

收费设施是指为保证收费有序实现而设置,且收费期满移交给交通运输主管部门的中心设备、收费站设备、车道设备等。

公路资产的具体划分如表6-3所示。

表 6-3 公路资产的具体划分

公路资产组成		公路资产组成明细和内涵
公路资产	公路构筑物设施	路面、路基、桥梁、隧道、涵洞、其他
	公路沿线设施	安全设施：发挥交通安全指示作用的相关设施，包括护栏、交通指示线、交通灯、交通指示牌等
		环保设施：包括道路绿化、噪声屏障、隔声窗等
		监控设施：非收费公路监控设施；收费公路收费期满后移交的监控交通运行情况的系统、线路和检测器具等
		收费设施：收费期满移交给交通运输部门的中心设备、收费站设备、车道设备等
		其他

本章结语：

本章主要解决"核算什么"的问题。首先从权衡所有权和资产管理权的角度探讨所有者和资产管理者应当核算的内容，即所有者应当核算与公路资产相关的预算资金拨付业务，资产管理者应当核算公路实物资产。各级交通运输主管部门委托公路管理机构具体履行公路资产管理权，应由公路管理机构对相关公路资产进行核算。其中，政府还贷性高速公路和经营性公路由其经营管理单位核算（包括高速公路经营管理中心和各公路经营企业），并需要向相关交通运输主管部门、公路管理机构（高速公路管理机构）报送公路资产报告。

其次，在规范化会计核算体系设想的同时充分考虑公路管理体制的现实制约，即存在交通运输主管部门委托相关公路管理机构代行其资产管理权以及公路经营企业实际掌握公路资产各项信息的情况，从而提出确定会计对象的思考。

再者，针对公路资产的具体组成，从多角度进行分析，综合考虑概预算决算、招投标情况、后续使用与养护管理等实际需求，探讨公路资产的组成，提出公路资产可分为公路构筑物设施和公路沿线设施两类，公路构筑物设施包括路面、路基、桥梁、隧道、涵洞等，公路沿线设施包括安全设施、环保设施、监控设施、收费设施等。

第 7 章 公路资产的确认研究

公路资产的确认受到多种因素的影响,本部分首先从其建设、管理特性入手,探讨确认中存在的问题,然后进一步具体探讨增量公路资产、存量公路资产、公路资产不同养护活动支出、公路资产建设形成利息的资本化、公路资产的折旧与处置等确认问题,从而明确公路资产会计确认的条件和时点。

7.1 公路资产确认与公路资产建设、管理特性的协调研究

7.1.1 基于建设特性的公路资产确认研究

公路建设项目整体周期长,只有全部工程竣工验收并交付使用,公路的整个建设流程方告结束,公路及相关设施才具备确认为公路资产的条件。但是,何时、以何种资料确定公路资产的价值,这与公路完成竣工决算的过程有关。在实际操作过程中,应当结合不同的情况进行讨论,具体表现在以下几个方面:

其一,公路资产的建设需要持续投入大量的资金,从前期勘察设计、工程建设开展直至完成验收,资金运动从未停止。而在这些投资当中,囿于政府财政投入有限,相当比例的资金依靠融资筹集,因此不得不承担一定的融资成本,即债务筹资所形成的利息。而利息是计入公路资产成本还是直接费用化处理,需要考虑利息形成的时间与公路交付使用的时点之间的关系。

其二,公路建设主体多元化,不同的公路可能有不同的建设模式,后续管理养护单位可能投入了建设资金,或参与建设过程,或仅仅是接受移交后进行管理养护;公路资产不同的移交过程会影响其确认的时点,即可能有政府会计主体自建,或委托建造公路资产,或从其他会计主体无偿调入等不同情况,应当区分不同主体的确认时间。

7.1.2 基于管理特性的公路资产确认研究

公路的管理特性也会影响公路资产的确认问题，主要表现在以下几个方面：

其一，公路资产的养护活动有不同的类型，主要有日常维护、大中修、改扩建等。不同的养护活动，其工程性质、技术复杂程度和规模大小存在差异，应区分其能否延长公路使用年限、提高公路使用效能，判断其对公路资产价值变化的影响，从而确认该项支出予以资本化还是费用化。

其二，公路资产的不同组成部分，其工程结构、设计年限等没有统一标准，即使是同类资产也会因技术等级等因素产生差异，因而对不同组成部分的管理也存在差异，公路资产是否计提折旧、如何折旧等也要考虑到管理的实际和需求。

其三，收费公路资产和非收费公路资产的组成部分存在差异，主要体现在收费设施和监控设施。因此，在确定公路资产范围时，只有公路正常使用所必需的，且与公路一并移交给交通运输主管部门的收费设施和监控设施，才能划入公路资产的范畴；否则，应纳入相关事业单位或企业的资产范畴。

7.2 增量公路资产的确认研究

7.2.1 增量公路资产的内涵

公路资产形成的时点是划分增量公路资产的重要依据。在政府会计主体对公路资产按照权责发生制基础进行核算后，符合以下两种情况之一的，即为增量公路资产：

（1）当期竣工验收合格形成的公路资产；

（2）尚未完成竣工验收但已完成交工验收并交付使用的公路资产。

7.2.2 增量公路资产的确认条件

公路及相关设施历经"工程建设完成—交工验收—竣工验收"的过程，交工验收视同其达到预定可使用状态，原则上竣工验收合格方可交付使用，竣工验收不合格的应当进行整改，直至验收合格为止。而竣工验收合格并交付使用的公路及相关设施才能确认为公路资产。

（1）交工验收材料作为公路资产确认依据的探讨

公路建设项目交工验收时，能够按照估计价值确定其成本，但暂估数不够准确，且原则上建设项目须经过竣工验收合格才能交付使用。因此，以交工验收时的结算数作为公路资产确认的依据,既不是最准确也不是最恰当的选择。

(2) 竣工财务决算作为公路资产确认依据的探讨

相对而言,公路建设项目竣工财务决算更为准确,且竣工验收合格后能够将公路及相关设施确认为公路资产,以竣工财务决算作为依据相对交工验收的数据更为准确和恰当。

(3) 竣工财务决算审计作为公路资产确认依据的探讨

但需要注意,在工程竣工验收交付使用阶段,审计机关应当开展竣工财务决算审计,即审计机关应对建设项目竣工财务决算的真实、合法、效益进行审计监督,全面核定工程造价。审计结果具有一定的参考性,但是审计并不是核定竣工财务决算的最终环节,因此竣工财务决算审计也不是最佳的选择。

(4) 经批准的竣工财务决算作为公路资产确认依据的探讨

一般来说,竣工财务决算审计的结果为政府决策提供参考,是竣工财务决算被最终批准的重要依据。从时间上来看,批准竣工财务决算需要一定的周期,但从效力上来看,经批准的竣工财务决算是最为规范、最具效力的文件。从这个角度来说,经批准的竣工财务决算应当作为增量公路资产确认的依据。

综上,不同资料作为增量公路资产确认依据的比较如表7-1所示。

表7-1 增量公路资产确认依据

依据材料	优势	不足	结论
交工验收材料	最早获取数据	暂估数不准确	原则上不选择
竣工财务决算	数据更为准确	数据可能需调整	重要参考
竣工财务决算审计	全面核定工程造价	不是最终审定环节	建议不选择
经批准的竣工财务决算	最为规范、最具效力	需要一定的时间	作为最终依据

考虑到批准竣工财务决算需要一定的周期,我们建议:

首先,依据交付使用时获得的竣工财务决算确认增量公路资产的价值;

然后,根据经批准的竣工财务决算进行相应调整。

如果公路资产已经交付使用,但尚未完成竣工财务决算,应于交付使用时按照估计价值确定其成本;待获得经批准的竣工财务决算后,再按实际成本调整原来的暂估价值。

7.2.3 增量公路资产的确认时间

考虑到公路资产的社会效益实现是自其交付使用后开始的,政府会计主体自建或委托建造的增量公路资产应当在验收合格并交付使用时确认。

如果是无偿调入(划拨)的增量公路资产,应当在取得该公路资产的资产管理权限时予以确认。

7.3 存量公路资产的确认研究

7.3.1 存量公路资产的内涵

存量公路资产,是指在对公路资产按照权责发生制基础进行核算前政府投资建造形成且在当期仍在使用的公路资产。

7.3.2 存量公路资产的确认条件

与增量公路资产不同,存量公路资产已经交付使用了一定的时间,在此期间发生了各种养护活动,甚至大中修、改扩建等,相较交付使用时的状态可能有所变化,其使用效能或使用年限可能发生了一次甚至多次改变,最终与开始交付使用时存在一定的差异。

对存量公路资产进行确认,需要依据可靠的原始资料,但在现实中可能存在难以获取有效原始资料的情况。较为理想的状态是:经批准的竣工财务决算资料完备,公路资产交付使用后的所有养护活动资金投入情况清晰,在实行按权责发生制基础进行核算时,能够简明地判断公路资产的使用效能或使用年限,即可以依据现有资料,较为便捷地确定公路资产的实际价值。此时,应依据经批准的竣工财务决算和相关原始资料确定存量公路资产的价值。

但现实情况也可能是:存量公路资产的初始数据非常庞大,相关资料由于历史原因可能缺乏,也难以理清公路资产交付使用以后的所有养护活动,不能确定公路资产的折旧,不足以确定公路资产的价值。此时,我们建议按照以下原则确定公路资产的初始入账成本:(1)聘请资产评估机构对公路资产的价值进行评估,其成本按照评估价值确定;(2)未聘请资产评估机构对公路资产价值进行评估的,其成本按照重置成本确定。

存量公路资产的确认条件如表 7-2 所示。

表 7-2 存量公路资产的确认条件

适用情况	确认依据	优势与不足
经批准的竣工财务决算资料完备,交付使用后的养护情况清晰	经批准的竣工财务决算和相关原始资料	材料可靠,较为便捷,需要进行一定梳理
相关资料缺乏,初始数据庞大,难以理清养护活动情况	资产评估机构评估	能获得较为公允的数据,但评估费用较高
	重置成本	数据较为公允,但花费时间较多,并需承担一定的成本

7.3.3 存量公路资产的确认时间

对于存量公路资产,应于实行按权责发生制基础进行核算时将其确认为公路资产。

7.4 公路资产日常维护的确认研究

7.4.1 公路资产日常维护的内涵

公路资产的日常维护,即小修保养,是对管养范围内的公路及其沿线设施经常进行维护保养和修补其轻微损坏部分的作业,包括对公路的经常性养护、对构造物的维修、油路罩面和小型工程等,以及其他方面的工作。

小修保养由县级公路管理机构或省级公路管理机构设置的公路管理单位或委托的合同单位,根据上级公路管理机构下达的养护工程计划指标和要求,组织实施。省级公路管理部门在上年度末即根据各单位养护里程、行车密度、路面类型(结构)等,计算下达的公路养护费用计划指标(年公里计划数),编制下年度公路养护计划。

7.4.2 公路资产日常维护的确认条件

公路资产的日常维护工作是为了保持公路及构造物经常处于完好状态,维持公路资产现有的使用能力,不论是在公路的等级和服务能力等方面都没有提升,应当将此类支出予以费用化。

7.4.3 公路资产日常维护的确认时间

公路资产的日常维护支出应当于发生时计入当期费用。

7.5 公路资产大中修的确认研究

7.5.1 公路资产大中修的内涵

公路的中修工程是对公路及其沿线设施的一般性损坏部分进行定期的修理加固，以恢复公路原有技术状况的工程。大修工程是对公路及其沿线设施的较大损坏进行周期性的综合修理，以全面恢复到原技术标准的工程项目。一般而言，经过中修仍不能恢复的，才会进行大修工程。

公路的大中修工程，主要是在公路技术等级范围以内，对公路及构造物进行恢复，以使其达到原有的技术状况，为此所进行的项目有整修、加固、迁建、更换、重建，并结合需要进行局部改善，新建道（渡）班房、涵洞、小型桥梁、局部路线截弯取直、降坡和防护工程以及渡口码头设备等。

7.5.2 公路资产大中修的确认条件

公路的大中修工程是对公路原有技术状况的恢复，维持原有的技术标准，并未扩大公路的规模或提升其通行能力等，因此应当予以费用化。

7.5.3 公路资产大中修的确认时间

公路资产的大中修支出应当于发生当期予以费用化。

7.6 公路资产改扩建的确认研究

7.6.1 公路资产改扩建的内涵

公路的改建工程是因公路及其沿线设施不适应现有交通量增长和载重需要而提高其技术等级指标，显著提高其通行能力的较大工程项目。公路扩建工程是指经过扩充建设，以增加新的生产能力或新的使用效益的建设项目。省级公路管理机构应根据本辖区路网的总体规划、现有公路的技术状况、通行能力和国民经济发展等的需要，研究提出本辖区的路网改建计划，报省级交通运输主管部门审批。

公路的改扩建工程包括：整段加宽路基，改善公路线形，提高技术等级；整线整段提高公路等级，铺筑铺装、简易铺装路面；提高公路技术等级，加宽、加高大中型桥梁；改建、增建小型立体交叉桥；增建公路通道等。

公路的改扩建工程一般路段应遵循"宁填勿挖"的老路改造原则，但也存在特殊路段与原有线行不一致的情况，即部分路段可能在改扩建工程后降级,不纳入改扩建后的道路系统。

7.6.2 公路资产改扩建的确认条件

公路的改扩建工程提升了公路的技术等级,提升了公路的通行能力,从质和量上改变了运输状况,增加了公路资产的使用效能,增加了公路及构造物的财产价值,因此为增加公路资产使用效能或延长其使用年限而发生的改建、扩建等支出,应当计入公路资产成本。其中若有部分路段降级,未能纳入改扩建规划,应将新增路段价值扣除被替代的老路价值,计入公路资产成本。

7.6.3 公路资产改扩建的确认时间

公路资产的改扩建支出应当于发生当期计入公路资产成本。

7.7 公路资产建设形成利息的资本化确认研究

7.7.1 公路资产建设形成利息的来源

公路建设的资金需求量很大,实践发现,公路建设资金大量依靠地方政府和银行贷款来解决。银行贷款的比例越高,意味着公路建设还本付息的压力越大。公路建设具有周期长的特点,交付使用以后,能够用于还本付息的资金来源有限,导致数量庞大的建设贷款利息。

7.7.2 公路资产建设形成利息的资本化确认条件

公路资产建设形成的借款,其还本付息可能需要较长的时间,应当根据利息形成的时间加以区分。在公路建设期间,公路及相关设施的价值处于不断增加的过程,借款利息理应计入其成本。依据增量公路资产的内涵,公路资产交付使用前发生的借款利息应当计入其成本;交付使用以后,则应予以费用化。

公路建设工程庞大,尽管工程项目按照建造计划开展,但也可能会出现工程建设中断的情况,此时建设借款利息应如何处理与工程建设中断的具体情形有关。

如果是必须经过的程序或者事先可预见的不可抗力因素导致的中断,可以认为是正常的中断。例如工程建造到一定阶段必须暂停下来进行质量或者安全检查,检查通过后方可继续下一步的建造工作,这类中断是在施工前可以预见的,而且是工程建造必须经过的程序。或者某些地区的工程在建造过程中,由于可预见的不可抗力因素(本地普遍存在的雨季或冰冻季节等原因)导致施工出现停顿,也属于正常中断,在此期间发生的利息费用应计入成本。

如果发生了非正常中断,且中断时间较长,在此期间发生的利息应予以费用化。非正常中断通常是指由于管理决策上的原因或者其他不可预见方面的原因等所导致的中断。例如,因与施工方发生质量纠纷,或者工程或生产用料没有及时供应,或者资金周转发生了困难,或者施工或生产发生了安全事故,或者发生了与资产购建或生产有关的劳动纠纷等,导致资产购建或者生产活动发生中断。一旦重新恢复建设,则开始正常建设后的借款利息应恢复计入成本。

综上所述,公路建设形成利息的资本化和费用化情况如表 7-3 所示。

表 7-3 利息的资本化和费用化

时点	不同情形	资本化与费用化	
公路建设至交付使用之前	连续建设过程	借款利息计入成本	
	建设发生中断	正常中断	借款利息计入成本
		非正常中断(时间较长)	中断期间借款利息予以费用化
			恢复建设后借款利息计入成本
公路交付使用后	无	借款利息予以费用化	

7.7.3 公路资产建设形成利息的资本化确认时间

公路资产建设期间,借款利息能够计入成本的,应于发生当期计入公路资产成本,不能计入成本的,当期予以费用化。公路资产交付使用后,因公路资产建设形成的利息于发生当期予以费用化。

7.8 公路资产折旧的确认研究

资产折旧在财务管理上的作用主要有:资产价值逐渐消耗转移到当期成本费用中;抵减当期利润以减少纳税所得额;货币形式回收投资成本,维护投资者的合法权益;确保资产价值完整,为资产实物更新提供资金保障。对于公路资产是否应计提折旧,应当具体探讨其折旧的实际意义和可行性。

7.8.1 公路资产不折旧的探讨

公路资产是否需要计提折旧,各方意见不一,课题组调研中有人提出公路资产不需要计提折旧,理由总结起来有如下几点:

首先,对于非收费公路和政府还贷收费公路而言,国家与地方政府的投资循环不体现收益性,资金来源基本是国家拨款和项目收费期间的收费权质押款。即使是企业管理的政府还贷公路,与国家投入的非偿还性资金对应的是到期的实物资产的移交,国家的投资过程不是完整的投资循环,完整的投资循环是货币资金→生产→销售→货币资金,而国家只要求最后收回实物资产。经营性公路也是如此,收费经营期满,国家收回实物资产。基于投资循环角度,无需完成资金的完整循环,相应地,也无需通过折旧将投资的成本实现货币性回收,无需对公路资产进行折旧的业务处理。

其次,资产折旧在财务管理上的作用毋庸置疑,但公路资产有其特殊性。非收费公路不从使用者处获得资金,政府还贷收费公路形成的通行费收入属于财政专款,不需纳税,国家投资的主要目的是促进国民经济与社会的协调与可持续发展,而非追求投资回报,只要求到期收回实物资产,折旧的作用没有本质性体现。况且,政府收费还贷公路的借款比例很高,还本付息的压力很大,还清后停止收费,折旧与否并不影响用于还本付息的现金流量,且偿债能力主要体现在收取的车辆通行费补偿公路养护与收费管理费用后的余额,但折旧会抵减当期利润。

再者,与一般的固定资产不同,公路可以通过局部轮番大中修实现整体的更新,来保证其可持续使用,公路的大中修保持和延续了其使用价值,这与计提折旧以确保资产完整性,为资产的更新积累资金存在一定的重合,可能会造成成本的重复确认。

综上所述,公路资产不折旧的原因如表7-4所示。

表7-4 公路资产不折旧的原因分析

	原因分析
公路资产 不折旧探讨	国家的投资过程无需完成资金的完整循环,因此无需通过折旧将投资的成本实现货币性回收
	国家投资只要求到期收回实物资产,折旧的作用没有本质性体现;折旧与否并不影响用于还本付息的现金流量
	公路可以通过局部轮番大中修实现整体的更新,来保证其可持续使用,这与计提折旧的作用存在重合,可能会造成成本的重复确认

7.8.2 公路资产折旧的探讨

(1)公路资产折旧的原因

课题组在调研中提出公路资产需要计提折旧的理由有如下几点:

首先,对公路资产折旧实质上是为了补偿实物资产的服务潜能。一方面,这有利于反映报告期间政府部门的经营成本,有助于反映政府资产的运营绩效。建立以绩效为导向的新型政府,就意味着政府对相关资产的管理要反映其使用情况,公路资产是政府资产的重要组成部分,对其计提折旧可以使政府及社会公众及时了解政府资产的存量情况,提高政府财务透明度。另一方面,公路资产在使用周期内不断提供社会服务能力,使用价值和价值逐步转移,计提折旧可以反映资产的使用价值和价值的转移情况,建立相应的补偿机制,减少资源浪费,也便于编制政府预算,加强政府预算管理。

其次,固定资产的有形损耗会使其物理性能和使用效率衰退,价值逐渐降低,无形损耗会使资产贬值、生产效率降低甚至提前报废。尽管与固定资产有所差异,但需要注意,公路资产在使用中通常不仅要承受荷载,而且大部分暴露在自然条件下,受到严苛的气候作用造成侵蚀,必然会产生有形损耗,另外还会因经济发展需要,提供的服务不能满足社会公众需要,而造成无形损耗,从这个角度来说需要对其计提折旧。

再者,公路资产的组成部分很多,不同组成部分也具有自身的特性,不能一概而论,不同的设施在使用过程中存在不同程度的损耗,且随着技术的发展也存在更新替换的必要性。因此,还需要进一步讨论公路资产折旧的范围和条件,从而便于公路资产后续计量的准确,也有助于有关部门和社会公众监督公路资产的质量和使用情况,促进相关管理机构改革管理方法,提升管理水平,监控资产损耗,合理确定养护计划,为维护和提升公路资产的服务水平保驾护航。

综上所述,公路资产折旧的原因如表7-5所示。

表7-5 公路资产折旧的原因

	原 因 分 析
公路资产折旧探讨	有利于反映报告期间政府部门的经营成本,有助于反映政府资产的运营绩效,提高政府财务透明度;有利于建立相应的补偿机制,减少资源浪费
	公路资产在使用中必然会产生有形损耗,还会因经济发展需要,提供的服务不能满足社会公众需要造成无形损耗
	公路资产的组成部分很多,不同组成部分也具有自身的特性,应具体讨论

(2) 公路资产折旧的确认条件

对于公路资产的不同组成部分，应结合其自身特性和使用特点进行分析，探讨公路资产的折旧范围和条件。

① 对于公路构筑物设施，即路基、路面、桥梁、隧道、涵洞等，不同的组成部分具有一定的差异。

公路路基是按照路线位置和一定技术要求，用土或石料等材料修筑的作为路面基础的线形结构物。在公路使用过程中，直接被车辆碾压、承受荷载、易于损坏的是路面；路基是间接承受荷载，主要以自然灾害损毁为主。一般来说，在正常使用条件下，对路基只需进行日常维护保养即可使其性能得到维持并一直使用，即使大中修也很少对路基进行重新碾压，多是对路面层进行更换，而且在公路工程技术标准及设计规范中，也未规定路基结构的设计使用年限。基于以上考虑，认为路基应不予折旧，路面应予以折旧。

而由于公路路面在使用中相对容易磨损，养护单位会根据其磨损的情况开展不同的养护业务，以维持其服务水平。养护活动是层层递进的，到一定时期需要进行大中修，资金投入相对大，此时公路通过这种修缮保持和延续了使用价值，也保持与恢复部分资产价值，与折旧的意义有一定的重合，因此可以根据路面的养护情况按照一定的标准进行折旧，以折旧反哺公路的状态维持。

此外，桥梁、隧道、涵洞工程本身有设计年限，设计时考虑的是饱和通行量情况下的承载能力，从这个角度来看，应予以折旧。

② 对于公路沿线设施，也需要进行区分。具体来说：

安全实施，包括护栏、交通指示线、交通灯、交通指示牌等，主要是依附路面，因车辆通行造成磨损或者自然毁损，部分受到交通事故的影响，有一定的更新的可能性，应当按照一定标准进行折旧。

对于环保设施，主要是日常的维护，一般没有系统更新的需求，绿化本身也具有特殊性，植物的生长和使用年限难以辨别，应不纳入折旧范围。

对于收费设施，是为了保障收费维持秩序而建造的，其使用有一定期限，收费期满，这些收费设施将要撤离，成为不需用的资产，因此，应当在收费期内对其进行折旧，同时也应考虑到社会进步、技术更新等因素的影响，收费设施可能因此更新，技术淘汰引起的设备更新要求对这些收费设施进行折旧以提供资金保障。相似地，监控设施在监控交通运行的过程中发挥重要作用，考虑到其基本设计，也可能因社会进步、技术更新等因素发生更新，因此有必要进行折旧。

综上所述,公路资产折旧的确认条件如表7-6所示。

表7-6 公路资产折旧的确认条件

公路资产的组成部分	公路资产组成明细	是否计提折旧
公路构筑物设施	路基、路面	路基部分不折旧,路面部分应折旧
	桥梁、隧道、涵洞	应计提折旧
公路沿线设施	安全实施	应计提折旧
	环保设施	不纳入折旧范围
	监控设施	应计提折旧
	收费设施	在收费期内计提折旧

(3) 公路资产折旧的确认时间

公路资产的折旧应按照相应的方法计提,当期入账。

7.9 公路资产处置的确认研究

7.9.1 公路资产处置的内涵

公路资产处置,指公路资产处于移交、报废或毁损的状态。

移交状态的公路资产,包括经营性公路的收费经营期满,公路经营企业将公路资产移交给交通运输主管部门,以及政府会计主体根据规定报经批准后将公路资产移交给其他单位。

报废、毁损状态的公路资产,指由于使用年限、公路资产物理状态等原因,服务能力不能满足实际需求应进行报废处理,或由于线路规划原因,进行报废处理,或由于实际损害程度较高,且不进行后续的大修理、改建等,处于毁损状态。

7.9.2 公路资产处置的确认条件

公路资产满足下列条件之一的,应当予以终止确认:该公路资产处于处置状态(移交、报废或毁损);该公路资产预期通过使用或者处置不能产生服务潜力或者带来经济利益。

7.9.3 公路资产处置的确认时间

公路资产的处置应于行为发生当期进行确认,即公路资产的移交应于手续完成后进行确认,报废或毁损的应于确认预期不能产生服务潜力或经济利益且不再进行后续修理当期进行确认。

本章结语:

本章主要解决"如何确认"的问题。首先从公路资产的建设和管理特性入手,探讨其对公路资产确认的影响,提出在探讨公路资产确认时需要注意的一些问题,为后续的研究做铺垫。

其次,分别探讨了增量和存量公路资产的确认条件和确认时间,提出经批准的竣工财务决算是确定增量公路资产价值的最终依据,在操作上可以先依据公路交付使用时获得的竣工财务决算或估计价值确定其成本,再根据经批准的竣工财务决算进行相应调整。对于存量公路资产而言,如果原始资料充分,则依据经批准的竣工财务决算和相关原始资料确定其价值,否则建议采取评估等方式,以重置成本入账。

再者,在明确公路资产日常维护、大中修、改扩建、处置内涵的基础上,探讨其确认的条件和时间,其中日常维护和大中修支出应予以费用化,改扩建支出应计入公路资产成本。

最后,针对公路资产建设形成利息的资本化问题和公路资产计提折旧问题专门展开讨论,提出公路持续建设和建设正常中断期间的借款利息应计入成本,建设非正常中断期间以及公路交付使用之后的借款利息应予以费用化。针对公路资产计提折旧问题,分别探讨了公路资产折旧和不折旧的原因,进而探讨在计提折旧的前提下,公路资产折旧的确认条件,即在公路构筑物设施中,路基部分不折旧,路面、桥梁、隧道、涵洞应折旧,在公路沿线设施中,环保设施不折旧,安全实施、监控设施和收费设施应折旧。

第8章 公路资产的计量研究

本章首先从会计计量与财政管理体制之间的协调,以及会计计量与公路建设、管理特性的协调两个方面进行探讨,在此基础上尝试对公路资产的初始计量和后续计量进行研究。

8.1 公路资产的计量与财政管理体制的协调研究

本部分通过探讨公路资产的计量与财政管理体制的协调问题,提出公路资产计量的可行方案,在考虑计量方法本身技术性、科学性的同时,兼顾相关数据的可得性、准确性。

8.1.1 公路资产的计量与预算管理体制的协调研究

根据现行的预算管理体制和实际做法,地方政府承担了辖区内相关公路的征地拆迁补偿费用,但是这部分费用并未体现在公路资产价值当中,造成了公路资产整体价值的缺失。为了能够真实地反映公路资产的价值,政府会计主体应当将这一部分费用计入到公路资产成本当中。

如何准确计量由地方政府承担的征地拆迁补偿费用,是需要重点探讨的问题,即以何种标准或方式来确定计量的口径,以保证数据的可靠性和准确性。对此,我们认为有以下两种方案可供参考:

第一,仅对能够提供可靠原始支付资料的部分进行计量。根据地方政府能够提供的原始支付资料,对征地拆迁费用进行计量,以保证征地拆迁补偿费用的真实性、可靠性。

但是,如果采用这种方案,应当注意地方政府是否存在故意夸大征地拆迁补偿费以显示良好的预算执行绩效或获得更多财政补助资金的动机。因此,交通运输主管部门应充分发挥行业监管作用,监督地方政府如实申报所需承担的征地拆迁款项,以促进征地拆迁补偿费用的准确计量。

第二，按照统一的定额标准，计算确定征地拆迁补偿费用。可以按照土地面积、房屋面积等乘以定额补偿标准，以此来计算征地拆迁补偿费用。然而，该方案存在以下难点：

首先，定额标准的设定程序较复杂，相关数据难以准确获取，理论与实际可能不相符；其次，江苏省内不同地区的土地、房屋市场价格差异较大，难以确定统一的标准；最后，由于缺乏完整可靠的原始支付资料，依据定额标准计算的数据存在被篡改的可能，监管部门难以发现，造成公路资产的价值不实。

8.1.2 公路资产计量中的财权与事权匹配研究

公路建设需要大量的资金支持，由于政府财力有限，财政资金投入难以满足公路事业发展需求，地方政府债务融资成为公路建设资金的重要来源。例如，普通国省道的管理事权在省级公路管理部门，其建设投入以省级为主，但是由于省级公路管理部门财力不足，最终形成了由地方政府为主投入的局面。

公路资产计量中的财权与事权不匹配，导致地方政府需要通过发行政府债券，或地方融资平台公司向银行贷款等方式来筹集建设资金。由此所产生债务利息资本化与费用化问题，以及公路资产建设项目结束之后尚未偿还债务及其利息的确认问题，成为准确计量政府性债务的难点。

为了使公路资产计量过程中政府财权与事权实现匹配，我们提出如下建议：

第一，省级政府要根据省以下财政事权划分、财政体制及基层政府财力状况，及时了解省以下各级政府能够承担的支出范围，合理确定省以下各级政府的支出责任，避免向下级政府强行摊派任务，加重下级政府负担；

第二，准确划分债务利息资本化的确认条件，符合资本化条件的债务利息计入公路资产成本，不符合资本化的债务利息计入当期费用。

8.1.3 公路资产的计量与政府绩效考评的协调研究

公路资产计量数据在一定程度上能够反映政府提供公共产品的能力和水平，客观反映政府公共受托责任的履行情况，是衡量政府绩效的重要工具。对政府绩效的准确考评，建立在能够客观真实地反映公路资产计量数据的基础之上。

由于影响公路资产计量数据准确性的因素较多，主要包括：征地拆迁费用的计量、借款利息资本化与费用化、是否计提公路资产折旧，以及处置的计量等，这也是本章在具体计量规则研究中拟解决的关键问题，具体建议将在下面章节中展开探究。

8.2 公路资产的计量与公路建设、管理特性的协调研究

在公路建设、管理过程中往往涉及多个计量主体，不同计量主体应当相互协调，通过计量数据在计量主体之间的传递，最终由享有资产管理权的公路管理机构对计量数据进行汇总，以便完整地反映公路资产的价值。根据公路资产的建设、管理特性，在对公路资产进行计量时，应当注意以下问题：

第一，在公路建设主体与管理主体不一致的情况下，建设单位需要在公路建成之后将公路资产移交给公路管理机构，公路管理机构依据移交方提供竣工决算报告、会议纪要等相关资料确认公路资产的入账价值。

第二，在公路建设过程中，应当注意对于需要由几个公路资产项目共同承担的成本，如前期勘察设计费用、建造管理费用等应采用适当的方法，分配计入到各个公路资产项目。

第三，某一条公路可能由多级政府管理，与多个部门、单位发生预算拨款关系或者资金投入关系。为了反映公路资产的真实价值，应当统一由公路管理机构负责将公路的前期规划费用、征地拆迁补偿费用、符合资本化条件的地方政府债务利息等计入到公路的建设成本当中，各个计量主体之间可以通过原始凭证的复印与传递，来实现计量数据的衔接。

8.3 增量公路资产的初始计量研究

增量公路资产的初始计量应当按照建造或者取得时的实际成本计量。建造或者取得时的成本，是指公路资产达到预定可使用状态之前发生的可归属于该资产的所有必要支出。

对于增量公路资产一般应当采用历史成本进行计量。公路资产应当按照建造、取得时支付的现金或者现金等价物的金额，或者按照建造、取得时所付出的对价的公允价值进行计量。

8.3.1 政府自行建造公路资产的初始计量

政府自行投资建造的公路资产，其成本包括完成批准的建设内容所发生的全部必要支出，具体包括项目前期费用、征地拆迁补偿费用、建筑安装费、

设备购置费、工程检测费、利息费用、建设管理费、招投标费、审计费、监理费、竣工验收费、其他支出等。

政府自行建造的公路资产在计量时,应当以实际发生的各项支出为基础确定公路建设成本。同时,还应当将建设单位并没有承担的征地拆迁补偿费用、前期规划费用等计入到公路建设成本。

8.3.2 接受其他会计主体移交的公路资产的初始计量

接受其他政府会计主体移交的公路资产,其成本按照该项公路资产在移交方的账面价值加上归属于调入方的相关费用进行初始计量。

8.4 存量公路资产的初始计量研究

对于存量公路资产一般应当按照历史成本计量;在无法取得历史成本或者历史成本不能客观地反映存量公路资产实际价值的情况下,如果按规定经过资产评估的,公路资产成本按照评估价值确定;如果未经过资产评估的,公路资产成本按照重置成本确定。

8.4.1 保存有经批准的竣工财务决算的存量公路资产初始计量

对于保存有经批准的竣工财务决算的存量公路资产,公路管理机构应当将竣工财务决算记载的工程造价作为公路资产建造或者取得时的成本,减去应计提的折旧额,作为存量公路资产的初始入账价值。

此外,由于部分公路资产可能经过多次改扩建,公路资产的实际价值相对于初始建造成本有较大的变动,导致原始资料的参考价值不大。在这种情况下,公路管理机构可委托资产评估机构进行评估或者按照公路资产的重置成本确定其初始入账价值。

8.4.2 经竣工财务决算但资料已缺失的存量公路资产初始计量

对于经竣工财务决算但资料已缺失的存量公路资产,公路管理机构可以委托资产评估机构对公路资产进行评估,或者采用重置成本法进行初始计量。

(1) 委托资产评估机构评估

公路管理机构可以委托资产评估机构,来评估存量公路资产的价值,其成本按照评估价值入账。由于资产评估机构的专业性较强,能够在很大程度上保证公路资产的评估价值相对客观。然而,公路管理机构需要支付一定的评估费用,在一定程度上增加了公路管理机构的负担。

(2) 重置成本法计量

所谓重置成本法,就是在现实条件下重新购置或建造一个全新状态的评估对象,所需的全部成本减去评估对象的实体性陈旧贬值、功能性陈旧贬值和经济性陈旧贬值后的差额,以其作为评估对象现实价值的一种评估方法。即按照现在建造或者取得相同或者相似公路资产所需支付的现金或者现金等价物的金额,作为存量公路资产的初始入账价值。针对公路资产而言,其具体计算公式为:公路资产成新率＝尚可使用年限/预计使用年限,公路资产初始入账价值＝重置成本×成新率。

在确定公路资产的重置成本时,可以采用单位定额标准确定重置成本。

考虑到不同地区的价格水平不同,以及不同等级公路的单位里程造价成本不同,建议在考虑公路所在片区和公路等级的基础上,分为对苏北、苏中、苏南等地区设定不同的单位定额标准。然后,将存量公路资产的里程乘以相应地区、相应等级公路的单位定额标准,作为存量公路资产的重置成本,即:重置成本＝公路里程×单位定额标准。

这种方法的优点是:能够针对不同的情况计量公路资产的重置成本,保证存量公路资产的初始入账价值的相对客观。然而,在确定不同地区、不同等级公路资产的单位定额标准时,需要考虑较多因素的影响。因此,我们建议省级交通运输主管部门和公路管理机构,应当首先针对不同地区、不同公路等级设定单位定额标准,以便于该方法的运用。

8.5 公路资产日常维护的计量研究

公路资产日常维护支出并不会改变公路的等级以及服务水平,其目的是为了使道路保持或恢复其初始状态。因此,公路资产的日常维护支出应当按照实际发生的金额进行计量,并计入当期支出。

8.6 公路资产大中修的计量研究

公路资产的大中修是对公路原有技术状况的恢复,维持原有的技术标准,并未扩大公路的规模或提升其通行能力等。因此,公路资产的大中修支出应当予以费用化,按照实际发生的金额进行计量,并计入当期支出。

8.7 公路资产改扩建的计量研究

公路资产的改扩建工程实施的结果是扩大了公路的规模，或提升了公路的技术等级，最终提升了公路的通行能力，增加了公路资产的使用效能，应当将相关支出予以资本化计入公路资产成本。公路资产成本按照原公路资产账面价值加上改扩建发生的费用，再扣除公路资产拆除部分的账面价值后的金额确定。若有部分路段降级，应将新增路段价值扣除被替代的老路价值计入公路资产成本。

另外，公路资产发生改扩建支出时，政府会计主体应将该公路资产的账面价值、已计提的累计折旧转入在建工程。当公路资产转入在建工程，应停止计提折旧。在公路资产的改扩建工程完工并达到预定可使用状态时，再从"在建工程"科目转入"公共基础设施—公路资产"，并按重新确定的公路资产成本、使用寿命和折旧方法计提折旧。

8.8 公路资产累计折旧的计量研究

8.8.1 计提折旧的原则

折旧是指在公路资产使用寿命内，按照确定的方法对应计提折旧额进行系统分摊。应计提折旧额，是指公路资产原价扣除其预计净残值之后的金额。考虑到公路资产的特殊性，在处置或报废时一般不能产生收益，因此对公路资产计提折旧时不考虑预计净残值。

公路资产应当按月计提折旧，并计入当期费用。公路资产应当自达到公路资产确认条件时开始计提折旧，终止确认时停止计提折旧。当月增加的公路资产，当月开始计提折旧；当月减少的公路资产，当月不再计提折旧。公路资产提足折旧后，无论能否继续使用，均不再计提折旧；已提足折旧的公路资产，可以继续使用的，应当继续使用，并规范实物管理。

政府会计主体应当在初始确认公路资产时，分析判断该公路资产的预计使用年限（可参照公路资产的设计年限来确定），并在预计使用年限内对其计提折旧，预计使用年限一经确定不得随意变更。

8.8.2 折旧方法的选择

政府会计主体应当根据与公路资产有关的经济利益或服务潜力的预期

实现方式,合理选择折旧方法。对公路资产计提折旧,可供选择的折旧方法主要包括年限平均法、车流量法等。选择不同的公路资产折旧方法,将会影响公路资产使用寿命期间内不同时期的折旧费用。为了保持折旧政策的一贯性,公路资产的折旧方法一经确定,不得随意变更。

(1) 年限平均法

年限平均法,是指将公路资产的应计折旧额均衡地分摊到公路资产预计使用年限内的一种方法。采用年限平均法计算的每期折旧额均相等,它是最简单、最普遍的折旧方法。

年限平均法假定折旧是由于时间的推移而不是使用的关系,认为服务潜力降低的决定因素是随时间推移所造成的陈旧和破坏,而不是使用所造成的有形磨损。因而假定公路资产的服务潜力在各个会计期间所使用的服务成本是相同的,而不管其实际使用程度如何。

采用年限平均法对公路资产计提折旧时,计算的每期折旧额相等。计算公式如下:

$$年折旧率 = [1/预计使用年限(年)] \times 100\%$$

$$月折旧率 = 年折旧率/12$$

$$当月折旧额 = 公路资产原值 \times 月折旧率$$

(2) 车流量法

车流量法,是指按实际车流量计提公路资产折旧额的一种方法。当根据与公路资产有关的服务潜力或者经济利益的预期实现方式表明采用车流量法更为合适时,可以采用车流量法对公路资产计提折旧。

采用车流量法计提公路资产折旧,其计算公式如下:

$$当期折旧额 = 期初公路资产净值 \times 当期实际车流量/期初预计剩余总车流量$$

对于公路资产折旧,我们建议选择平均年限法。因为公路资产具有服务期限长、技术进步产生的无形损耗小、能保值增值等特点,每年折旧损耗差异不大,采用平均年限法符合实际。此外,平均年限法简单直接,也易于实务操作。如果政府会计主体认为采用车流量法更符合公路资产服务能力或经济利益的实现方式,也可以选择车流量法。

8.8.3 改扩建后的折旧

对于为了延长公路资产使用年限或者增加使用效能而发生的改扩建支出,由于符合公路资产确认条件,应当予以资本化。在对原有公路资产进行改扩建时,政府会计主体应将该公路资产的账面价值、已计提的累计折旧转入在建工程,并在此基础上重新确定公路资产价值。

当公路资产转入在建工程之后,应当停止计提折旧。在公路资产改扩建完工并达到预定可使用状态时,再从在建工程转为公路资产,并按照重新确定的公路资产成本、使用寿命和折旧方法计提折旧。

8.9 公路资产处置的计量研究

(1) 公路资产的无偿调出

政府会计主体按照规定报经批准后向其他单位移交公路资产时,应当将公路资产的账面价值予以转销,无偿调出中发生的归属于调出方的相关费用应当计入当期费用。

如果仅仅涉及一条公路的某一段无偿调出,需要对公路资产的价值进行切分。我们建议按照调出段公路的长度(km)占整条公路总长度(km)的比值,乘以整条公路的账面价值得出调出段公路资产的账面价值,并按调出段公路资产的账面价值予以转销。其计算公式如下:

调出段公路资产价值 = 整条公路资产价值 × 调出段公路的长度 / 整条公路总长度

(2) 公路资产的报废

政府会计主体按规定报经批准报废公路资产或公路资产遭受重大毁损的,应当将公路资产账面价值予以转销,计入到"待处理财产损溢"。经批准予以核销时,再将"待处理财产损溢"计入到当期费用。

本章结语:

本章主要解决"如何计量"的问题。首先,探讨了公路资产准确计量受到的多重因素影响,即其与预算管理体制、政府绩效考评、公路建设与管理特性的协调以及计量中财权与事权的合理匹配等,进而提出相关建议。例如针对由地方政府承担的征地拆迁补偿费用,提出两种计量方案,一是仅对能够提供可靠原始支付资料的部分进行计量,二是按照统一的定额标准,计算确定征地拆迁补偿费用。

其次,探讨了增量和存量公路资产的初始计量,包括政府自行建造和接受其他会计主体移交的增量公路资产,以及保存或缺失经批准的竣工财务决算的存量公路资产。对于经竣工财务决算但资料已缺失的存量公路资产,提出两种计量方案,一是委托资产评估机构进行评估,以获得估计价值,二是按照单位定额标准确定重置成本,单位定额标准的设置应考虑到地域、公路等级等差异,以保证存量公路资产初始入账价值相对客观。

最后,对日常维护支出、大中修支出、改扩建支出、计提折旧、处置等后续计量做了具体说明,提出了两种可供选择的公路资产折旧方法,即年限平均法和车流量法。

第 9 章　公路资产的记录研究

本部分首先对与公路资产账务处理相关的预算会计科目和财务会计科目进行说明；在此基础上，分别对不同的公路资产会计主体，在处理与公路资产相关的投资、筹资、建设、管理、养护等环节的业务时，如何同时进行预算会计核算和财务会计核算进行探讨；并致力于构建公路资产核算的财务会计体系，完善原有公路资产核算的预算会计体系，以实现预算会计和财务会计的协调与并重。

9.1　会计科目使用说明

9.1.1　相关预算会计科目使用说明

涉及公路资产核算的预算会计科目，主要包括财政拨款预算收入、债务预算收入、非同级财政拨款预算收入、行政支出、事业支出、其他支出（支付的利息）、资金结存等。

9.1.1.1　财政拨款预算收入

（1）本科目核算单位从同级财政部门取得的与公路投资、养护相关的财政拨款。

（2）本科目按照具体公路项目进行明细核算。

（3）财政拨款预算收入的主要账务处理如下：

① 在财政直接支付方式下，单位根据收到的财政直接支付入账通知书及相关原始凭证，借记"行政支出""事业支出"科目，贷记本科目。

② 在财政授权支付方式下，单位根据收到的财政授权支付额度到账通知书，按照通知书中的授权支付额度。借记"资金结存—零余额账户用款额度"科目，贷记本科目。

③ 在其他支付方式下，单位按实际收到的金额，借记"资金结存—货币

资金"科目,贷记本科目。

9.1.1.2 债务预算收入

（1）本科目核算事业单位按照规定从金融机构借入的、纳入部门预算管理的、与公路建设相关的债务收入。

（2）本科目按照贷款单位和具体公路项目进行明细核算。

（3）债务预算收入的主要账务处理如下：

① 借入各项借款时,事业单位按照实际借入的金额,借记"资金结存—货币资金"科目,贷记本科目。

② 归还借款时,事业单位按照借款本金金额,借记"债务还本支出"科目,贷记"资金结存—货币资金"科目。

9.1.1.3 非同级财政拨款预算收入

（1）本科目核算单位从非同级财政部门取得的与公路投资、养护相关的财政拨款。

（2）本科目按照具体公路项目进行明细核算。

（3）非同级财政拨款预算收入的主要账务处理如下：

取得非同级财政拨款预算收入时,单位按照实际取得的金额,借记"资金结存—货币资金"科目,贷记本科目。

9.1.1.4 行政支出

（1）本科目核算行政单位在公路建设、养护和管理中实际发生的各项现金流出。

（2）本科目应当按照"基本支出"和"项目支出"进行明细核算,并在"项目支出"明细科目下按照具体公路项目进行核算。

（3）行政支出的主要账务处理如下：

公路的前期立项费用由交通运输主管部门承担的部分,在前期费用发生时,单位按实际支付的金额,借记本科目,贷记"资金结存—货币资金"科目。

9.1.1.5 事业支出

（1）本科目核算事业单位在公路建设、养护和管理中实际发生的各项现金流出。

（2）本科目应当按照"基本支出"和"项目支出"进行明细核算,并在"项目支出"明细科目下按照具体公路项目进行核算。

（3）事业支出的主要账务处理如下：

① 在公路建设期间,发生建设支出时,事业单位按照实际支付的款项金

额,借记本科目,贷记"财政拨款预算收入""资金结存"科目。

② 在发生与维护公路正常使用、保持原有通行能力相关的日常维护支出、大中修支出时,单位按照实际支付的款项金额,借记本科目,贷记"财政拨款预算收入""资金结存"科目。

③ 为增加公路资产服务潜力或经济利益或延长其使用年限而发生的改建、扩建等后续支出,单位按照实际支付的款项金额,借记本科目,贷记"财政拨款预算收入""资金结存"科目。

9.1.1.6 其他支出

(1) 本科目核算事业单位实际支付的其他支出。

(2) 其他支出的主要账务处理如下:

① 为接受其他会计主体移交的公路资产,单位实际支付的归属于调入方的相关费用,借记本科目,贷记"财政拨款预算收入""资金结存"科目。

② 单位按规定将公路资产管理权移交给其他会计主体,单位实际支付的归属于调出方的相关费用,借记本科目,贷记"资金结存"等科目。

③ 事业单位支付银行贷款利息时,借记本科目,贷记"资金结存"科目。

9.1.1.7 资金结存

(1) 本科目核算单位纳入部门预算管理的资金的流入、流出、调整和滚存等情况。

(2) 本科目应当设置"零余额账户用款额度""货币资金""财政应返还额度"等明细科目。

(3) 资金结存的主要账务处理如下:

① 在财政授权支付方式下,单位根据收到的财政授权支付额度到账通知书,按照通知书中的授权支付额度,借记"资金结存—零余额账户用款额度"科目,贷记"财政拨款预算收入"科目;单位根据实际支付的金额,借记"行政支出""事业支出"等科目,贷记"资金结存—零余额账户用款额度"科目。

② 在其他支付方式下,单位实际收到预算收入时,借记"资金结存—货币资金"科目,贷记"财政拨款预算收入""事业预算收入"等科目。

③ 经批准从零余额账户提取现金时,借记"资金结存—货币资金"科目,贷记"资金结存—零余额账户用款额度"科目。

④ 支付公路建设、修缮等工程款项以及公路养护费用时,单位根据实际支付的款项金额,借记"行政支出""事业支出"等科目,贷记"资金结存—零余额账户用款额度""资金结存—货币资金"。

9.1.2 相关财务会计科目使用说明

涉及公路资产核算的财务会计科目，主要包括在建工程、公共基础设施—公路资产、公共基础设施累计折旧（摊销）—公路资产、无偿调拨净资产、财政拨款收入、非同级财政拨款收入、业务活动费用等。

9.1.2.1 在建工程

（1）本科目核算单位自行建设，或出包给外单位施工的公路建设项目所发生的实际成本。

（2）本科目应当按照具体公路建设项目进行明细核算，设置"建筑安装工程投资""设备投资""待摊投资"等明细科目。

（3）在建工程的主要账务处理如下：

① 单位自行建造的公路资产，其成本包括完成批准的建设内容所发生的全部必要支出。发生建设支出时，单位按照实际支付的款项金额，借记本科目，贷记"应付职工薪酬""工程物资""零余额账户用款额度""银行存款"等科目。

② 单位出包给外单位施工的在建工程，预付工程价款时，单位按照预付金额，借记"预付账款—预付工程款"，贷记"零余额账户用款额度""银行存款"等科目；与施工企业结算工程价款时，按单位应承付的工程价款，借记本科目，按预付工程款余额，贷记"预付账款—预付工程款"，按其差额，贷记"零余额账户用款额度""银行存款"等科目。

③ 单位为建造公路资产的专门借款利息，如果属于建设期间发生的，应当计入在建工程成本，借记本科目，贷记"银行存款""应付利息"科目。

④ 公路建设工程完工交付使用时，按照公路建设工程所发生的实际成本，借记"公共基础设施—公路资产"，贷记本科目。

⑤ 单位为增加公路资产服务潜力或经济利益或延长其使用年限而发生的改建、扩建等，应当计入公路资产成本，调整公路资产的账面价值。

将公路资产转入改建、扩建时，按公路资产的账面价值，借记本科目，按照已计提的折旧，借记"公共基础设施累计折旧（摊销）—公路资产"科目，按照公路资产的账面余额，贷记"公共基础设施—公路资产"科目。

单位按照实际支付的改建、扩建支出，借记本科目，贷记"零余额账户用款额度""银行存款"等科目。

将改建、扩建的公路资产的一部分拆除时，按照拆除部分的账面价值，借记"待处理财产损溢"，贷记本科目。

改建、扩建工程完工交付使用时,借记"公共基础设施—公路资产",贷记本科目。

9.1.2.2 公共基础设施—公路资产

(1)本科目核算由单位承担资产管理权的公路资产。

(2)本科目应当按照具体公路项目进行明细核算。

(3)公共基础设施—公路资产的主要账务处理如下:

① 单位自行建设或出包给外单位施工的公路资产,按照公路资产完成批准的建设内容所实际发生的全部支出,在"在建工程"科目核算。公路资产建设完工交付使用时,按照确定的成本,借记本科目,贷记"在建工程"科目。已交付使用但尚未办理竣工财务决算手续的公路资产,按照估计价值入账,待获得经批准的竣工财务决算后再按照实际成本调整原来的暂估价值。

② 单位接受其他单位移交的公路资产,其成本按照移交方的原公路资产账面价值加上归属于调入方的相关费用确定。按照公路资产的账面价值,借记本科目,贷记"无偿调拨净资产"科目;按照归属于调入方的相关费用,借记本科目,贷记"财政拨款收入""零余额账户用款额度""银行存款"等科目。

③ 为增加公路资产使用效能或延长其使用年限而发生的改建、扩建等后续支出,应当计入公路资产成本,通过"在建工程"科目核算,完工交付使用时转入本科目。

④ 单位核算的公路资产,经批准向其他单位移交公路资产管理权时,应当按公路资产的账面价值,减少相应的公路资产价值。按照公路资产的账面价值,借记"无偿调拨净资产"科目,按照已计提的折旧,借记"公共基础设施累计折旧(摊销)—公路资产"科目,按照公路资产的账面余额,贷记本科目;按照移交过程中发生的可归属调出方的相关费用,借记"资产处置费用"科目,按照公路资产的账面余额,贷记"银行存款"等科目。

⑤ 如果存在公路资产的毁损、报废等现象,单位应当冲减公路资产的账面价值,并按规定程序报经批准、核销。在发生公路资产毁损、报废时,按照公路资产的账面价值,借记"待处理财产损溢"科目,按照已计提的折旧,借记"公共基础设施累计折旧(摊销)—公路资产"科目,按照公路资产的账面余额,贷记本科目。

9.1.2.3 公共基础设施累计折旧(摊销)—公路资产

(1)本科目核算单位按规定计提的公路资产累计折旧。

(2)本科目应当按照具体公路项目进行明细核算。

(3) 公共基础设施累计折旧(摊销)—公路资产的主要账务处理如下：

① 单位按月计提公路资产折旧时，按照应计提的折旧额，借记"业务活动费用"科目，贷记本科目。

② 公路资产报经批准处置时，按照所处置的公路资产的账面价值，借记"待处理财产损溢"科目，按照已计提的折旧，借记本科目，按照公路资产的账面余额，贷记"公共基础设施—公路资产"科目。

9.1.2.4　无偿调拨净资产

(1) 本科目核算单位因取得无偿调入公路资产、调出公路资产所引起的净资产变动金额。

(2) 本科目应当按照具体公路项目进行明细核算。

(3) 无偿调拨净资产的主要账务处理如下：

① 对于应当确认为公路资产但尚未入账的存量公路资产，单位在经过合理的方法确定公路资产的初始入账价值后，借记"公共基础设施—公路资产"科目，贷记本科目。

② 单位核算的公路资产，经批准向其他单位移交公路资产管理权时，应当按公路资产的账面价值，减少相应的公路资产价值，按照公路资产的账面价值，借记本科目，按照已计提的折旧，借记"公共基础设施累计折旧(摊销)—公路资产"科目，按照公路资产的账面余额，贷记"公共基础设施—公路资产"科目。

③ 单位接受其他单位移交的公路资产，按照移交方的原公路资产账面价值，借记"公共基础设施—公路资产"科目，贷记本科目；按照归属于调入方的相关费用确定，借记"公共基础设施—公路资产"科目，贷记"财政拨款收入""零余额账户用款额度""银行存款"等科目。

9.1.2.5　财政拨款收入

(1) 本科目核算单位从同级财政部门取得的与公路投资、养护相关的财政拨款。

(2) 本科目按照具体公路项目进行明细核算。

(3) 财政拨款收入的主要账务处理如下：

① 在财政直接支付方式下，单位根据收到的财政直接支付入账通知书及相关原始凭证，借记"工程物资""业务活动费用""应付职工薪酬"等科目，贷记本科目。

② 在财政授权支付方式下，单位根据收到的财政授权支付额度到账通

知书,按照通知书中的授权支付额度,借记"零余额账户用款额度"科目,贷记本科目。

③ 在其他支付方式下,单位按实际收到的金额,借记"银行存款"科目,贷记本科目。

9.1.2.6 非同级财政拨款收入

(1) 本科目核算单位从非同级财政部门取得的与公路投资、养护相关的财政拨款。

(2) 本科目按照具体公路项目进行明细核算。

(3) 非同级财政拨款收入的主要账务处理如下:

取得非同级财政拨款预算收入时,单位按照实际取得的金额,借记"银行存款"科目,贷记本科目。

9.1.2.7 业务活动费用

(1) 本科目核算单位为公路养护、管理等职能目标,依法履职或开展专业业务活动及其辅助活动中所发生的各项费用。

(2) 本科目可以按照具体公路项目进行明细核算。

(3) 业务活动费用的主要账务处理如下:

① 为开展业务活动人员计提的薪酬、福利等,单位按照计算出的金额,借记本科目,贷记"应付职工薪酬"科目。

② 为开展业务活动发生的公路日常养护、修缮等支出,单位按照实际支付的金额,借记本科目,贷记"财政拨款收入""零余额账户用款额度""银行存款"科目。

③ 对于公路资产计提的折旧,单位按照应计提的折旧额,借记本科目,贷记"公共基础设施累计折旧(摊销)—公路资产"科目。

9.2 公路资产会计主体之间的账务关系

公路资产的政府会计主体包括:财政部门、交通运输主管部门和公路管理机构,不同的政府会计主体在各自的主体范围内进行账务处理。理清政府会计主体之间的账务关系,有利于在此基础上设计科学的公路资产账务处理程序,最终使承担公路资产管理权的公路管理机构能够真实、完整地反映公路资产的预算会计信息和财务会计信息。

9.2.1 财政部门与公路管理机构之间的账务关系

政府财政部门与公路管理机构之间的账务关系,主要体现在以下三个方面:

(1) 财政预算资金的拨付

财政部门向公路管理机构拨付与公路建设、管理、养护等相关的财政预算资金时,财政部门和公路管理机构分别做不同的账务处理。

(2) 地方政府债券利息的账务衔接

为了筹集公路建设资金,省级财政部门可以以政府名义发行地方政府债券。对于地方政府债券所产生的债务利息,如果符合资本化条件,应当由公路管理机构将其计入到公路资产的成本当中。

(3) 征地拆迁补偿费用的账务衔接

在现行的公路投资模式下,地方政府实际承担了公路的征地拆迁补偿费用,而这一部分费用应当计入到公路资产成本当中。因此,公路管理机构应当依据地方政府所提供的资料,将地方政府财政部门所支付的征地拆迁补偿费用计入公路建设成本。

9.2.2 交通运输主管部门与公路管理机构之间的账务关系

在公路建设前期立项过程中,前期费用的支付存在不同的情况,一种情况是由交通运输主管部门支付,另一种情况是由公路管理机构支付。对于前一种情况,在公路建设项目具体实施时,公路管理机构需要将这一部分前期立项费用支付给交通运输主管部门,交通运输主管部门再将前期立项费用冲回。实际上,最终由公路管理机构将前期立项费用计入到公路资产成本当中。

综上所述,政府财政部门、交通运输主管部门和公路管理机构之间的账务关系,如图9-1所示。

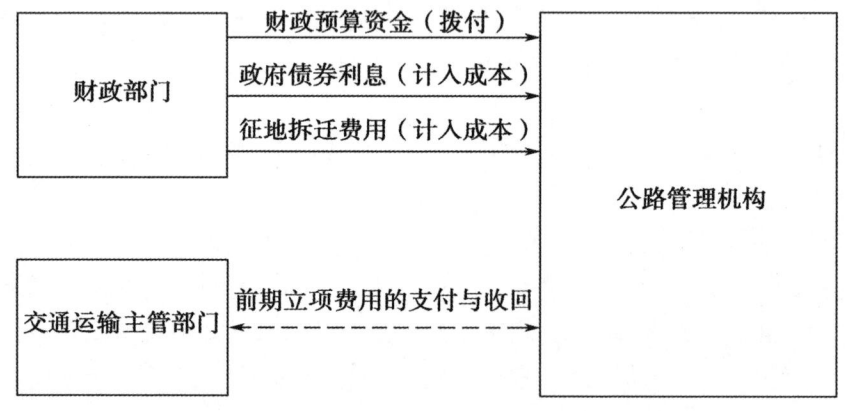

图9-1 公路资产会计主体之间的账务关系

9.3 财政部门的账务处理

9.3.1 财政部门拨付与公路相关的预算资金的账务处理

财政部门向预算单位拨付与公路相关的预算资金时,按所拨付的实际金额,预算会计借记"一般公共预算支出"或"政府性基金预算支出"科目,贷记"资金结存"科目;财务会计不做账务处理①。其具体的账务处理如下:

预算会计账务处理	财务会计账务处理
财政部门向预算单位拨付与公路相关的预算资金时: 借:一般公共预算支出/政府性基金预算支出 　　贷:资金结存	财政部门向预算单位拨付与公路相关的预算资金时: 财务会计不做账务处理

9.3.2 财政部门以政府名义发行地方政府债券的账务处理

根据新预算法的规定,地方政府只能通过发行地方政府债券的方式举债,除此之外地方政府及其所属部门不得以任何方式举借债务。因此,为了筹集公路建设资金,在国务院确定的限额内,省级财政部门可以以政府名义发行期限超过1年的地方政府债券。

(1) 财政部门实际收到长期政府债券发行收入时,按照实际收到的金额,预算会计借记"资金结存"科目,按照长期政府债券实际发行额,贷记"债务预算收入"科目,按照两者之间的差额,借记"一般公共预算支出"或"政府性基金预算支出"科目;根据债券发行确认文件等相关债券管理资料,按照到期应付的长期政府债券本金金额,财务会计借记"待偿债净资产——应付长期政府债券"科目,贷记"应付长期政府债券——应付本金"科目。其具体账务处理如下:

---

① 作为各级政府的财政管理部门,财政部门向预算单位拨付预算资金时,只做预算会计账务处理;作为一个单独的行政单位,财政部门在核算自身的业务时,对于纳入部门预算管理的现金收支业务,需要同时进行预算会计和财务会计账务处理。

预算会计账务处理	财务会计账务处理
财政部门实际收到长期政府债券发行收入时： 借：资金结存 　　一般公共预算支出/政府性基金预算支出 　贷：债务预算收入	财政部门根据债券发行确认文件等相关债券管理资料： 借：待偿债净资产——应付长期政府债券 　贷：应付长期政府债券——应付本金

（2）财政部门期末确认长期政府债券的应付利息时，根据债务管理部门计算出的本期应付未付利息金额，预算会计不做账务处理，财务会计借记"待偿债净资产——应付长期政府债券"科目，贷记"应付长期政府债券——应付利息"科目。其具体的账务处理如下：

预算会计账务处理	财务会计账务处理
财政部门期末确认长期政府债券的应付利息时： 不进行账务处理	财政部门期末确认长期政府债券的应付利息时： 借：待偿债净资产——应付长期政府债券 　贷：应付长期政府债券——应付利息

（3）财政部门实际支付本级政府财政承担的长期政府债券利息时，预算会计借记"一般公共预算支出"或"政府性基金预算支出"科目，贷记"资金结存"等科目；实际支付利息金额中属于已确认的应付利息部分，财务会计借记"应付长期政府债券——应付利息"科目，贷记"待偿债净资产——应付长期政府债券"科目。其具体的账务处理如下：

预算会计账务处理	财务会计账务处理
财政部门实际支付本级政府财政承担的长期政府债券利息时： 借：一般公共预算支出/政府性基金预算支出 　贷：资金结存	财政部门实际支付利息金额中属于已确认的应付利息部分： 借：应付长期政府债券——应付利息 　贷：待偿债净资产——应付长期政府债券

（4）财政部门实际偿还本级政府财政承担的长期政府债券本金时，预算会计借记"债务还本支出"科目，贷记"资金结存"等科目；财务会计借记"应付长期政府债券——应付本金"科目，贷记"待偿债净资产——应付长期政府债券"科目。其具体的账务处理如下：

预算会计账务处理	财务会计账务处理
财政部门实际偿还本级政府财政承担的长期政府债券本金时： 借：债务还本支出 　　贷：资金结存	财政部门实际偿还本级政府财政承担的长期政府债券本金时： 借：应付长期政府债券——应付本金 　　贷：待偿债净资产——应付长期政府债券

9.3.3 财政部门支付公路征地拆迁补偿款的账务处理

财政部门在支付与公路相关的征地拆迁补偿款时，按所支付的实际金额，预算会计借记"一般公共预算支出"或"政府性基金预算支出"科目，贷记"资金结存"科目；财务会计不做账务处理。其具体的账务处理如下：

预算会计账务处理	财务会计账务处理
财政部门在支付公路征地拆迁补偿款时： 借：一般公共预算支出/政府性基金预算支出 　　贷：资金结存	财政部门在支付公路征地拆迁补偿款时： 财务会计不做账务处理

9.4 交通运输主管部门的账务处理

交通运输主管部门主要涉及支付和冲回前期立项费用的账务处理。公路项目前期工作包括编制项目建议书、可行性研究报告和初步设计。在公路建设前期立项过程中，部分前期立项费用由交通运输主管部门支付。由于在前期立项过程中，不能确定该项目是否能够实施，所以交通运输主管部门在支出发生时直接费用化处理。

在公路建设项目具体实施时，由公路管理机构将前期立项费用支付给交通运输主管部门，交通运输主管部门再将前期立项费用冲回。事实上，对于公路建设项目的前期立项费用，最终由公路管理机构将其计入到公路资产成本当中。

（1）交通运输主管部门在支付所承担的前期立项费用时，按实际支付的金额，预算会计借记"行政支出"科目，贷记"资金结存——货币资金"科目；财务会计借记"业务活动费用"科目，贷记"银行存款"科目。其具体的账务处理如下：

预算会计账务处理	财务会计账务处理
交通运输主管部门在实际支付公路的前期费用时： 借：行政支出 　　贷：资金结存——货币资金	交通运输主管部门在实际支付公路的前期费用时： 借：业务活动费用 　　贷：银行存款

（2）当公路建设项目进入实施阶段，公路管理机构将前期立项费用支付给交通运输主管部门，交通运输主管部门再将前期立项费用冲回。交通运输主管部门按实际收到的金额，预算会计借记"资金结存—货币资金"科目，贷记"行政支出"科目；财务会计借记"银行存款"科目，贷记"业务活动费用"科目。其具体的账务处理如下：

预算会计账务处理	财务会计账务处理
交通运输主管部门在收到公路管理机构支付公路的前期立项费用时： 借：资金结存—货币资金 　　贷：行政支出	交通运输主管部门在收到公路管理机构支付公路的前期立项费用时： 借：银行存款 　　贷：业务活动费用

9.5 公路管理机构的账务处理

9.5.1 公路管理机构收到与公路相关资金时的账务处理

财政预算资金投入是公路建设、管理、养护等方面的主要资金来源。公路管理机构在收到与公路相关的预算资金时，应根据不同的财政拨款方式进行相应账务处理：

（1）在财政直接支付方式下，按照收到的财政直接支付入账通知书及相关原始凭证上标明的金额，预算会计借记"事业支出"科目，贷记"财政拨款预算收入"科目；财务会计借记"在建工程"或"业务活动费用"科目，贷记"财政拨款收入"科目。其具体的账务处理如下：

预算会计账务处理	财务会计账务处理
借：事业支出 　　贷：财政拨款预算收入	借：在建工程/业务活动费用 　　贷：财政拨款收入

（2）在财政授权支付方式下，根据收到的财政授权支付额度到账通知

书,按照通知书中的授权支付额度,预算会计借记"资金结存—零余额账户用款额度"等科目,贷记"财政拨款预算收入"科目;财务会计借记"零余额账户用款额度"等科目,贷记"财政拨款收入"。其具体的账务处理如下:

预算会计账务处理	财务会计账务处理
借:资金结存—零余额账户用款额度 　　贷:财政拨款预算收入	借:零余额账户用款额度 　　贷:财政拨款收入

(3) 在其他支付方式下,公路管理机构按实际收到的金额,预算会计借记"资金结存—货币资金"科目,贷记"财政拨款预算收入"科目;财务会计借记"银行存款"科目,贷记"财政拨款收入"科目。其具体的账务处理如下:

预算会计账务处理	财务会计账务处理
借:资金结存—货币资金 　　贷:财政拨款预算收入	借:银行存款 　　贷:财政拨款收入

(4) 公路管理机构从非同级财政部门取得的与公路投资、管理、养护相关的财政拨款时,按照实际取得的金额,预算会计借记"资金结存—货币资金"科目,贷记"非同级财政拨款预算收入";财务会计借记"银行存款"科目,贷记"非同级财政拨款收入"。其具体的账务处理如下:

预算会计账务处理	财务会计账务处理
借:资金结存—货币资金 　　贷:非同级财政拨款预算收入	借:银行存款 　　贷:非同级财政拨款收入

9.5.2　增量公路资产初始确认的账务处理

对于新增公路资产初始确认的账务处理,本部分分别以下几种情况进行探讨:(1) 公路管理机构自行建设的公路资产;(2) 公路管理机构委托其他单位施工的公路资产;(3) 公路管理机构接受其他公路管理机构移交的公路资产;(4) 公路管理机构接受地方融资平台公司移交的公路资产。

9.5.2.1　公路管理机构自行建设公路资产的账务处理

公路管理机构自行建造的公路资产,其成本包括完成批准的建设内容所发生的全部必要支出,且应当按照不同类型的支出进行相应的账务处理:

(1) 发生建设支出时,按照实际支付的款项金额,预算会计借记"事业支出"科目,贷记"财政拨款预算收入"或"资金结存——货币资金"等科目;按照应归入公路资产的成本,财务会计借记"在建工程"科目,贷记"应付职工薪酬"或"工程物资"或"财政拨款收入"或"零余额账户用款额度"或"银行存款"等科目。其具体的账务处理如下:

预算会计账务处理	财务会计账务处理

发生建设支出时,按照实际支付的款项金额:
借:事业支出
  贷:财政拨款预算收入/资金结存——货币资金等
	发生建设支出时,按照应归入公路资产的成本:
	借:在建工程
	  贷:应付职工薪酬/工程物资/财政拨款收入/零余额账户用款额度/银行存款等

(2) 对于由地方政府债券所产生的债务利息,如果符合资本化条件,应当由公路管理机构将其计入到公路资产的建设成本。公路管理机构根据政府财政部门提供的资料,将与公路筹资相关的政府债券利息计入到公路建设成本时,按照实际应当予以资本化的金额,预算会计不做账务处理;财务会计借记"在建工程"科目,贷记"无偿调拨净资产"科目。其具体的账务处理如下:

预算会计账务处理	财务会计账务处理
公路管理机构将应予资本化政府债券利息,计入公路资产建设成本时: 预算会计不做账务处理	公路管理机构将应予资本化政府债券利息,计入公路资产建设成本时: 借:在建工程 贷:无偿调拨净资产

(3) 公路管理机构依据地方政府提供的资料,将地方政府支付的征地拆迁补偿款计入公路建设成本时,预算会计不进行账务处理,财务会计借记"在建工程"科目,贷记"无偿调拨净资产"科目。其具体的账务处理如下:

预算会计账务处理	财务会计账务处理
公路管理机构将地方政府支付的征地拆迁补偿款计入公路建设成本时: 预算会计不做账务处理	公路管理机构将地方政府支付的征地拆迁补偿款计入公路建设成本时: 借:在建工程 贷:无偿调拨净资产

(4) 公路管理机构向交通运输主管部门支付公路项目的前期立项费用时,按实际支付的金额,预算会计借记"事业支出"科目,贷记"资金结存—货币资金"科目;财务会计借记"在建工程"科目,贷记"银行存款"科目。其具体的账务处理如下:

预算会计账务处理	财务会计账务处理
公路管理机构向交通运输主管部门支付公路的前期立项费用时: 借:事业支出 　　贷:资金结存—货币资金	公路管理机构向交通运输主管部门支付公路的前期立项费用时: 借:在建工程 　　贷:银行存款

(5) 公路管理机构还需要将自己承担的公路项目前期立项费用计入公路成本。公路管理机构在实际支付时,直接费用化处理,预算会计借记"事业支出"科目,贷记"资金结存"科目;财务会计借记"业务活动费用"科目,贷记"银行存款"科目。

当公路建设项目进入实施阶段,公路管理机构应当将前期立项费用予以资本化,计入在建工程成本,并冲销业务活动费用,预算会计不做账务处理;财务会计借记"在建工程"科目,贷记"业务活动费用"科目。其具体的账务处理如下:

预算会计账务处理	财务会计账务处理
公路管理机构在实际支付公路的前期立项费用时: 借:事业支出 　　贷:资金结存—货币资金	公路管理机构实际支付公路的前期立项费用时: 借:业务活动费用 　　贷:银行存款
公路管理机构将以前支付公路的前期立项费用计入公路成本时: 预算会计不做账务处理	公路管理机构将以前支付公路的前期立项费用计入公路成本时: 借:在建工程 　　贷:业务活动费用

(6) 公路建设工程完工交付使用时,预算会计不进行账务处理,财务会计按照应当归属于公路资产的成本,借记"公共基础设施—公路资产—公路构筑物设施、安全设施、监控设施、环保设施等"科目,贷记"在建工程"科目。其具体的账务处理如下:

预算会计账务处理	财务会计账务处理
公路建设工程完工交付使用时： 预算会计不做账务处理	公路建设工程完工交付使用时： 借：公共基础设施—公路资产—公路构筑物设施、安全设施、监控设施、环保设施等 　贷：在建工程

9.5.2.2 公路管理机构委托其他单位施工的公路资产账务处理

公路管理机构可能与其他具有公路建设资质的单位签订委托施工协议，由其他单位具体实施公路建设工作。在建设过程中，公路管理机构应对所发生的各类业务进行相应的账务处理：

（1）公路管理机构向公路施工单位预付工程款时，按照实际支付的金额，预算会计借记"事业支出"科目，贷记"财政拨款预算收入"或"资金结存—货币资金"等科目；财务会计借记"预付账款—预付工程款"科目，贷记"财政拨款收入"或"零余额账户用款额度"或"银行存款"等科目。其具体的账务处理如下：

预算会计账务处理	财务会计账务处理
公路管理机构向公路建设单位预付工程款时： 借：事业支出 　贷：财政拨款预算收入/资金结存—货币资金等	公路管理机构向公路建设单位预付工程款时： 借：预付账款—预付工程款 　贷：财政拨款收入/零余额账户用款额度/银行存款等

（2）公路管理机构向公路建设单位结算工程款时，预算会计按照实际发生的工程款超出预付工程款的金额，借记"事业支出"科目，贷记"财政拨款预算收入"或"资金结存—货币资金"等科目；财务会计按照实际发生的工程款金额，借记"在建工程"科目，按照预付工程款的金额，贷记"预付账款—预付工程款"科目，差额记入"财政拨款收入"或"零余额账户用款额度"或"银行存款"等科目。其具体的账务处理如下：

预算会计账务处理	财务会计账务处理
公路管理机构向公路建设单位结算工程款时： 借：事业支出（补付差额款项） 　贷：财政拨款预算收入/资金结存—货币资金等	公路管理机构向公路建设单位结算工程款时： 借：在建工程 　贷：财政拨款收入/零余额账户用款额度/银行存款等 　　预付账款—预付工程款

(3) 公路管理机构将与公路筹资相关的政府债券利息计入到公路建设成本时,按照实际应当予以资本化的金额,预算会计不做账务处理;财务会计借记"在建工程"科目,贷记"无偿调拨净资产"科目。其具体的账务处理如下:

预算会计账务处理	财务会计账务处理
公路管理机构将应予资本化政府债券利息,计入公路资产建设成本时: 预算会计不做账务处理	公路管理机构将应予资本化政府债券利息,计入公路资产建设成本时: 借:在建工程 　　贷:无偿调拨净资产

(4) 公路管理机构依据地方政府提供的资料,将地方政府支付的征地拆迁补偿款计入公路建设成本时,预算会计不进行账务处理,财务会计借记"在建工程"科目,贷记"无偿调拨净资产"科目。其具体的账务处理如下:

预算会计账务处理	财务会计账务处理
公路管理机构将地方政府支付的征地拆迁补偿款计入公路建设成本时: 预算会计不做账务处理	公路管理机构将地方政府支付的征地拆迁补偿款计入公路建设成本时: 借:在建工程 　　贷:无偿调拨净资产

(5) 公路管理机构向交通运输主管部门支付公路的前期立项费用时,按实际支付的金额,预算会计借记"事业支出"科目,贷记"资金结存—货币资金"科目;财务会计借记"在建工程"科目,贷记"银行存款"科目。其具体的账务处理如下:

预算会计账务处理	财务会计账务处理
公路管理机构向交通运输主管部门支付公路的前期立项费用时: 借:事业支出 　　贷:资金结存—货币资金	公路管理机构向交通运输主管部门支付公路的前期立项费用时: 借:在建工程 　　贷:银行存款

(6) 公路管理机构在实际支付公路项目前期立项费用时,直接费用化处理,预算会计借记"事业支出"科目,贷记"资金结存"科目;财务会计借记"业务活动费用"科目,贷记"银行存款"科目。

当公路建设项目进入实施阶段,公路管理机构将前期立项费用予以资本化,计入在建工程成本,并冲销业务活动费用,预算会计不做账务处理;财务会计借记"在建工程"科目,贷记"业务活动费用"科目。其具体的账务处理如下:

预算会计账务处理	财务会计账务处理
公路管理机构实际支付公路的前期立项费用时: 借:事业支出 　　贷:资金结存—货币资金	公路管理机构实际支付公路的前期立项费用时: 借:业务活动费用 　　贷:银行存款
公路管理机构将以前支付公路的前期立项费用计入建设成本时: 预算会计不做账务处理	公路管理机构将以前支付公路的前期立项费用计入建设成本时: 借:在建工程 　　贷:业务活动费用

(7) 公路建设完工,建设单位向公路管理机构交付公路资产时,预算会计不进行账务处理,财务会计按照应当归属于公路资产的成本,借记"公共基础设施—公路资产—公路构筑物设施、安全设施、监控设施、环保设施等"科目,贷记"在建工程"科目。其具体的账务处理如下:

预算会计账务处理	财务会计账务处理
公路建设完工,建设单位向公路管理机构交付公路资产时: 预算会计不做账务处理	公路建设完工,建设单位向公路管理机构交付公路资产时: 借:公共基础设施—公路资产—公路构筑物设施、安全设施、监控设施、环保设施等 　　贷:在建工程

9.5.2.3　公路管理机构接受其他公路管理机构移交公路资产的账务处理

当涉及某条公路管理权限的调整时(如公路等级改变),公路资产管理权在不同的公路管理机构之间转移。公路管理机构接受其他公路管理机构移交的公路资产时,预算会计不进行账务处理,财务会计根据移交方所提供的资料按照移交方的原公路资产账面价值,借记"公共基础设施—公路资产—公路构筑物设施、安全设施、监控设施、环保设施等"科目,贷记"无偿调拨净资产"科目。其具体的账务处理如下:

预算会计账务处理	财务会计账务处理
公路管理机构接受其他公路管理机构移交的公路资产时： 预算会计不做账务处理	公路管理机构接受其他公路管理机构移交的公路资产时： 借：公共基础设施—公路资产—公路构筑物设施、安全设施、监控设施、环保设施等 　　贷：无偿调拨净资产

如果公路管理机构在接受其他公路管理机构移交的公路资产时，发生了应当归属于调入方的相关费用，应当将相关费用计入到公路资产的账面价值中。预算会计借记"其他支出"科目，贷记"资金结存—货币资金"科目；财务会计借记"公共基础设施—公路资产"科目，贷记"财政拨款收入""零余额账户用款额度""银行存款等"科目。其具体的账务处理如下：

预算会计账务处理	财务会计账务处理
公路管理机构接受其他公路管理机构移交的公路资产，所支付的应当归属于调入方的相关费用： 借：其他支出 　　贷：资金结存—货币资金	公路管理机构接受其他公路管理机构移交的公路资产，所支付的应当归属于调入方的相关费用： 借：公共基础设施—公路资产 　　贷：财政拨款收入/零余额账户用款额度/银行存款等

9.5.2.4　公路管理机构接受地方融资平台公司移交公路资产的账务处理

（1）公路管理机构接受地方融资平台公司移交的普通国省道资产时，预算会计不进行账务处理，财务会计按移交方所提供的资料，借记"公共基础设施—公路资产—公路构筑物设施、安全设施、监控设施、环保设施等"科目，贷记"无偿调拨净资产"科目。其具体的账务处理如下：

预算会计账务处理	财务会计账务处理
公路管理机构接受地方融资平台公司移交的普通国省道资产时： 预算会计不做账务处理	公路管理机构接受地方融资平台公司移交的普通国省道资产时： 借：公共基础设施—公路资产—公路构筑物设施、安全设施、监控设施、环保设施等 　　贷：无偿调拨净资产

（2）公路管理机构接受地方融资平台公司移交的政府还贷公路资产时，预算会计不进行账务处理，财务会计按移交方所提供的资料，借记"公共基础

设施—公路资产—公路构筑物设施、安全设施、监控设施、环保设施等"科目，按其承担的与建设公路资产相关的负债金额贷记"长期应付款"科目，差额记入"无偿调拨净资产"科目。其具体的账务处理如下：

预算会计账务处理	财务会计账务处理
公路管理机构接受地方融资平台公司移交的政府还贷公路资产时：预算会计不做账务处理	公路管理机构接受地方融资平台公司移交的政府还贷公路资产时： 借：公共基础设施—公路资产—公路构筑物设施、安全设施、监控设施、环保设施等 　贷：长期应付款（按其承担的债务） 　　　无偿调拨净资产（如果公路资产账面价值与所承担的债务金额之间存在差额）

（3）如果公路管理机构在接受地方融资平台公司移交的公路资产时，发生了应当归属于调入方的相关费用，应当将相关费用计入到公路资产的账面价值中。预算会计借记"其他支出"科目，贷记"资金结存—货币资金"科目；财务会计借记"公共基础设施—公路资产"科目，贷记"财政拨款收入""零余额账户用款额度""银行存款"等科目。其具体的账务处理如下：

预算会计账务处理	财务会计账务处理
公路管理机构接受地方融资平台公司移交的公路资产，所支付的应当归属于调入方的相关费用时： 借：其他支出 　贷：资金结存—货币资金	公路管理机构接受地方融资平台公司移交的公路资产，所支付的应当归属于调入方的相关费用时： 借：公共基础设施—公路资产 　贷：财政拨款收入/零余额账户用款额度/银行存款等

9.5.3　存量公路资产初始确认的账务处理

对于存量公路资产账务处理，应当分为以下两种情况：（1）应当确认为公路资产但尚未入账的公路资产；（2）应当确认为公路资产，但已确认为固定资产的公路资产。

此外，如果存量公路资产的建设资金中有一部分来源于银行借款，并且银行借款尚未全部偿还，还需进一步对相关债权债务科目进行调整。

9.5.3.1　应当确认为公路资产但尚未入账的公路资产

公路管理机构在初始确认尚未入账的公路资产时，预算会计不进行账务处理，财务会计按照经过合理的方法确定公路资产的初始入账价值，借记"公共基础设施—公路资产—公路构筑物设施、安全设施、监控设施、环保设施等"科目,贷记"累计盈余"科目。其具体的账务处理如下:

预算会计账务处理	财务会计账务处理
初始确认尚未入账的公路资产时: 预算会计不做账务处理	初始确认尚未入账的公路资产时: 借:公共基础设施—公路资产—公路构筑物设施、安全设施、监控设施、环保设施等 贷:累计盈余

9.5.3.2 应当确认为公路资产,但已确认为固定资产的公路资产

对于应当确认为公路资产,但已确认为固定资产的公路资产,公路管理机构应当将其重分类为"公共基础设施—公路资产"。公路管理机构在进行重分类时,预算会计不进行账务处理,财务会计按已计入"固定资产"科目的账面价值,借记"公共基础设施—公路资产—公路构筑物设施、安全设施、监控设施、环保设施等"科目,贷记"固定资产"科目,按照已计提的折旧金额,借记"固定资产累计折旧"科目,贷记"公共基础设施累计折旧(摊销)—公路资产—公路构筑物设施、安全设施、监控设施、环保设施等"科目。其具体的账务处理如下:

预算会计账务处理	财务会计账务处理
重分类已确认为固定资产的公路资产时: 预算会计不做账务处理	重分类已确认为固定资产的公路资产时: 借:公共基础设施—公路资产—公路构筑物设施、安全设施、监控设施、环保设施等 　　固定资产累计折旧 贷:固定资产 　　公共基础设施累计折旧(摊销)—公路资产—公路构筑物设施、安全设施、监控设施、环保设施等

9.5.3.3 银行借款尚未偿清的存量公路资产初始确认

对于银行借款尚未偿清的存量公路资产而言,由于公路管理机构为了匹配与筹集公路建设资金所形成的银行借款,已经将公路资产的一部分价值确认为"无形资产""其他应收款"或者"代转销借款工程支出"等。因此,在初始确认公路资产时,公路管理机构应当将这些科目转销。

公路管理机构在初始确认时,预算会计不进行账务处理,财务会计按照经过合理的方法确定公路资产的初始入账价值,借记"公共基础设施—公路资产—公路构筑物设施、安全设施、监控设施、环保设施等"科目,贷记"无形资产""其他应收款"或者"代转销借款工程支出"科目,按照差额贷记"累计盈余"科目。其具体的账务处理如下:

预算会计账务处理	财务会计账务处理
初始确认尚未入账的公路资产时: 预算会计不做账务处理	初始确认尚未入账的公路资产时: 借:公共基础设施—公路资产—公路构筑物设施、安全设施、监控设施、环保设施等 贷:无形资产/其他应收款/代转销借款工程支出 累计盈余

9.5.4 公路资产后续支出的账务处理

9.5.4.1 公路资产日常维护支出的账务处理

对于由公路管理机构管理的公路资产,不论是自行养护还是委托养护,在发生与维护公路正常使用、保持原有通行能力相关的日常维护支出时,按照实际发生的支出金额,预算会计借记"事业支出"科目,贷记"财政拨款预算收入"或"资金结存—货币资金"等科目;财务会计借记"业务活动费用"科目,贷记"财政拨款收入"或"零余额账户用款额度"或"银行存款"等科目。其具体的账务处理如下:

预算会计账务处理	财务会计账务处理
发生日常维护支出时: 借:事业支出 　贷:财政拨款预算收入/资金结存—货币资金等	发生日常维护支出时: 借:业务活动费用 　贷:财政拨款收入/零余额账户用款额度/银行存款等

9.5.4.2 公路资产大中修的账务处理

公路的大中修工程是对公路原有技术状况的恢复,维持原有的技术标准,并未扩大公路的规模或提升其通行能力等,因此应当予以费用化。发生大中修支出时,按照实际发生的支出金额,预算会计借记"事业支出"科目,贷记"财政拨款预算收入"或"资金结存—货币资金"等科目;财务会计借记"业务活动费用"科目,贷记"财政拨款收入"或"零余额账户用款额度"或"银行存款"等科目。其具体的账务处理如下:

预算会计账务处理	财务会计账务处理
发生大中修支出时： 借：事业支出 　　贷：财政拨款预算收入/资金结存—货币资金等	发生大中修支出时： 借：业务活动费用 　　贷：财政拨款收入/零余额账户用款额度/银行存款等

9.5.4.3 公路资产改扩建的账务处理

如果是为增加公路资产服务潜力或经济利益或延长其使用年限而发生的改建、扩建等后续支出，应当计入公路资产成本，调整公路资产的账面价值。对于符合资本化条件的改扩建支出，公路管理机构应对所发生的各类业务进行相应的账务处理，具体来说：

（1）对公路资产开始进行改扩建时，预算会计不进行账务处理，财务会计应将公路资产转入在建工程，借记"在建工程""公共基础设施累计折旧（摊销）—公路资产"科目，贷记"公共基础设施—公路资产—公路构筑物设施、安全设施、监控设施、环保设施等"科目。其具体的账务处理如下：

预算会计账务处理	财务会计账务处理
将公路资产转入在建工程时： 预算会计不做账务处理	将公路资产转入在建工程时： 借：在建工程 　　公共基础设施累计折旧（摊销）—公路资产 　　贷：公共基础设施—公路资产—公路构筑物设施、安全设施、监控设施、环保设施等

（2）在发生改扩建支出时，按照实际支付的金额，预算会计借记"事业支出"科目，贷记"财政拨款预算收入"或"资金结存"等科目；按照应当归入到公路资产的成本，财务会计借记"在建工程"科目，贷记"应付职工薪酬"或"财政拨款收入"或"零余额账户用款额度"或"银行存款"等科目。其具体的账务处理如下：

预算会计账务处理	财务会计账务处理
发生改扩建支出时，按实际支付的金额： 借：事业支出 　　贷：财政拨款预算收入/资金结存等	发生改扩建支出时，按应当归入到公路资产的成本： 借：在建工程 　　贷：应付职工薪酬/财政拨款收入/零余额账户用款额度/银行存款等

(3) 在拆除原有公路资产部分时,预算会计不进行账务处理,财务会计按原有公路资产拆除部分的金额,借记"待处理财产损溢"科目,贷记"在建工程"科目。其具体的账务处理如下:

预算会计账务处理	财务会计账务处理
拆除原有公路资产部分时: 预算会计不做账务处理	拆除原有公路资产部分时: 借:待处理财产损溢 　　贷:在建工程

(4) 在改扩建工程完工交付使用时,预算会计不进行账务处理,财务会计借记"公共基础设施—公路资产—公路构筑物设施、安全设施、监控设施、环保设施等"科目,贷记"在建工程"科目。其具体的账务处理如下:

预算会计账务处理	财务会计账务处理
工程完工交付使用时: 预算会计不做账务处理	工程完工交付使用时: 借:公共基础设施—公路资产—公路构筑物设施、安全设施、监控设施、环保设施等 　　贷:在建工程

9.5.5 公路资产计提折旧的账务处理

9.5.5.1 一般公路资产计提折旧的会计账务处理

公路管理机构在对一般公路资产计提折旧时,预算会计不进行账务处理,财务会计按照计提的折旧金额,借记"业务活动费用"科目,贷记"公共基础设施累计折旧(摊销)—公路资产—公路构筑物设施、安全设施、监控设施、环保设施等"科目。其具体的账务处理如下:

预算会计账务处理	财务会计账务处理
公路管理机构计提折旧时: 预算会计不做账务处理	公路管理机构计提折旧时: 借:业务活动费用 　　贷:公共基础设施累计折旧(摊销)—公路资产—公路构筑物设施、安全设施、监控设施、环保设施等

9.5.5.2 改扩建后的公路资产折旧的会计账务处理

因改扩建而提高使用效能、通行能力或者延长使用年限的公路资产,在对其计提折旧时,预算会计不进行账务处理,财务会计应当根据重新确定的公路资产账面价值及折旧年限重新计算折旧额,并借记"业务活动费用"科目,贷记"公共基础设施累计折旧(摊销)—公路资产—公路构筑物设施、安全设施、监控设施、环保设施等"科目。其具体的账务处理如下:

预算会计账务处理	财务会计账务处理
公路管理机构计提折旧时: 预算会计不做账务处理	公路管理机构计提折旧时: 借:业务活动费用 　贷:公共基础设施累计折旧(摊销)—公路资产—公路构筑物设施、安全设施、监控设施、环保设施等

9.5.6 公路资产处置的账务处理

由公路管理机构管理的公路资产,其处置方式主要有:将公路资产管理权移交给其他单位;公路资产报废等。

9.5.6.1 公路资产移交的账务处理

公路管理机构经批准向其他单位移交公路资产管理权时,预算会计不进行账务处理,财务会计应当按照所移交公路资产的账面价值,借记"无偿调拨净资产""公共基础设施累计折旧(摊销)—公路资产—公路构筑物设施、安全设施、监控设施、环保设施等"科目,贷记"公共基础设施—公路资产—公路构筑物设施、安全设施、监控设施、环保设施等"科目。其具体的账务处理如下:

预算会计账务处理	财务会计账务处理
移交公路资产时: 预算会计不做账务处理	移交公路资产时: 借:无偿调拨净资产 　　公共基础设施累计折旧(摊销)—公路资产—公路构筑物设施、安全设施、监控设施、环保设施等 　贷:公共基础设施—公路资产—公路构筑物设施、安全设施、监控设施、环保设施等

公路管理机构经批准向其他单位移交公路资产管理权时,对于在移交过程发生的归属于调出方的相关费用,应当计入到调出方的当期费用。发生应当归属于调出方的相关费用时,按照实际发生的支出金额,预算会计借记"其他支出"科目,贷记"资金结存—货币资金"等科目;财务会计借记"资产处置费用"科目,贷记"银行存款"等科目。其具体的账务处理如下:

预算会计账务处理	财务会计账务处理
公路管理机构支付应当归属于调出方的相关费用时,按实际支付的金额: 借:其他支出 　　贷:资金结存—货币资金	公路管理机构支付应当归属于调出方的相关费用时,按实际支付的金额: 借:资产处置费用 　　贷:银行存款

9.5.6.2 公路资产报废的账务处理

如果存在公路资产的报废现象,公路管理机构应当冲减公路资产的账面价值,按规定程序报经批准、核销,并进行相应的账务处理:

(1) 在公路资产报废时,预算会计不进行账务处理,财务会计按照公路资产报废的金额,借记"待处理财产损溢""公共基础设施累计折旧(摊销)—公路资产—公路构筑物设施、安全设施、监控设施、环保设施等"科目,贷记"公共基础设施—公路资产—公路构筑物设施、安全设施、监控设施、环保设施等"科目。其具体的账务处理如下:

预算会计账务处理	财务会计账务处理
公路资产报废时: 预算会计不做账务处理	公路资产报废时: 借:待处理财产损溢 　　公共基础设施累计折旧(摊销)—公路资产—公路构筑物设施、安全设施、监控设施、环保设施等 　　贷:公共基础设施—公路资产—公路构筑物设施、安全设施、监控设施、环保设施等

(2) 经批准对报废的公路资产予以核销时,预算会计不进行账务处理,财务会计按照批准金额,借记"资产处置费用"科目,贷记"待处理财产损溢"科目。其具体的账务处理如下:

预算会计账务处理	财务会计账务处理
经批准予以核销时: 预算会计不做账务处理	经批准予以核销时: 借:资产处置费用 　　贷:待处理财产损溢

9.5.7 特殊业务的账务处理

经营性公路的经营期限到期,公路经营企业将公路资产移交给交通运输主管部门,交通运输主管部门再委托公路管理机构管理。公路管理机构在接受经营期限到期的公路资产时,预算会计不进行账务处理,财务会计借记"公共基础设施—公路资产—公路构筑物设施、安全设施、监控设施、环保设施等"科目,贷记"无偿调拨净资产"科目。其具体的账务处理如下:

预算会计账务处理	财务会计账务处理
公路管理机构在对经营性公路资产进行初始确认时: 预算会计不做账务处理	公路管理机构在对经营性公路资产进行初始确认时: 借:公共基础设施—公路资产—公路构筑物设施、安全设施、监控设施、环保设施等 贷:无偿调拨净资产

本章结语:

本章主要解决"如何记录"的问题。首先,对公路资产账务处理相关的预算会计科目和财务会计科目进行说明,其中涉及的预算会计科目主要有"财政拨款预算收入""债务预算收入""非同级财政拨款预算收入""行政支出""事业支出""其他支出""资金结存"等,财务会计科目主要有"在建工程""公共基础设施—公路资产""公共基础设施累计折旧(摊销)—公路资产""财政拨款收入""非同级财政拨款收入""业务活动费用""无偿调拨净资产"等。

其次,对政府财政部门、交通运输主管部门和公路管理机构之间的账务关系进行探讨,为具体的账务处理做铺垫。

最后,为了全面反映公路资产投资、建设、管理、养护等各个环节的业务,分别对政府财政部门、交通运输主管部门、公路管理机构等不同的公路资产会计主体,如何同时进行预算会计核算和财务会计核算进行研究,并致力于构建公路资产核算的财务会计体系,完善原有公路资产核算的预算会计体系,以实现预算会计和财务会计的协调与并重。涉及的业务主要包括相关预算资金的拨付、以政府名义发行地方政府债券、公路征地拆迁费用的支付、公路前期费用的支付和冲回、增量公路资产的初始确认、存量公路资产的初始确认、公路资产后续支出、公路资产计提折旧、公路资产处置等。

第 10 章 公路资产的报告研究

本章研究安排如下：首先，从政府资产负债表中公路资产项目的列报、决算报告中公路资产相关资金项目的列报以及公路资产实物报告等三个方面进行探讨，希望能够通过政府资产负债表、决算报表和公路资产实物报告全面反映与公路资产相关的信息。在此基础上，对公路资产相关报告的编制与汇总问题做进一步探讨。

10.1 政府资产负债表中公路资产项目的列报研究

公路资产作为公共基础设施的重要组成部分，在政府财务报告中应当以二级科目的形式列报于资产负债表中的"公共基础设施"项目之下；同时，基于"资产＝负债＋所有者权益"的会计恒等关系，还应当准确列报与公路资产相对应的负债和净资产。因此，本部分着重对政府资产负债表中与公路资产相关的资产、负债和净资产项目的内涵和数据来源进行探讨。

10.1.1 政府资产负债表中公路资产项目的报告主体

公路资产是政府资产的重要组成部分，与之相关的公路资产、负债、权益等信息应在政府资产负债表中进行披露。

一方面，作为政府部门财务报告的编制主体，各级交通运输主管部门是公路资产相关信息的报告主体。依据受托管理关系，公路管理机构应当将其编制的本单位财务报告报送至同级交通运输主管部门，交通运输主管部门据此填报政府部门财务报告中的相关项目。

另一方面，作为政府综合财务报告的编制主体，各级政府财政部门是公路资产相关信息的报告主体。依据财政预算拨款关系，各级交通运输主管部门应当将其编制的政府部门财务报告报送至同级财政部门，财政部门据此填报政府综合财务报告中的相关项目。

10.1.2 政府资产负债表中公路资产项目的列报形式

对于政府资产负债表中有关公路资产项目的信息采用表内列报与表外披露的方式进行报告。对于已经确认的政府公路资产应在表内进行列报；对于不符合政府资产定义，或者符合政府资产定义但不符合政府资产确认条件的公路资产，以及影响信息使用者决策的政府公路资产的其他相关信息，应在表外披露。

公路资产项目在政府资产负债表中的表内列报格式如表10-1、表10-2所示，其中：表10-1是政府部门财务报表中的资产负债表，分别由公路管理机构和交通运输主管部门按月度和年度填报；表10-2是政府综合财务报表中的资产负债表，由财政部门按月度和年度填报。

表 10-1 资产负债表

编制单位：　　　　　　　　　　　年　　月　　日　　　　　单位：元

项　　目	期初余额	期末余额
流动资产		
……		
非流动资产		
……		
公共基础设施净值		
公路资产净值		
公共基础设施在建工程		
公路资产在建工程		
……		
受托代理资产		
资产合计		
流动负债		
……		
非流动负债		
……		
长期借款		
长期应付款		

续表

项 目	期初余额	期末余额
……		
受托代理负债		
负债合计		
……		
累计盈余		
净资产合计		
负债及净资产合计		

表 10 - 2 资产负债表

编制单位：_____　　　_____年____月____日　　　单位：元

项 目	期初余额	期末余额
流动资产		
……		
非流动资产		
……		
公共基础设施净值		
公路资产净值		
公共基础设施在建工程		
公路资产在建工程		
……		
受托代理资产		
资产合计		
流动负债		
……		
非流动负债		
……		
长期借款		
应付长期政府债券		

续表

项　　目	期初余额	期末余额
应付转贷款		
长期应付款		
……		
受托代理负债		
负债合计		
……		
累计盈余		
净资产合计		
负债及净资产合计		

表10-1与表10-2的主要差异在于：在表10-2中，财政部门需要填报与公路资产相关的"应付长期政府债券""应付转贷款"项目，并按照这两个项目的余额，相应调减"累计盈余"项目的余额。

10.1.3　政府资产负债表中公路资产项目的列报内容

10.1.3.1　政府资产负债表中公路资产项目的表内列报内容

在政府资产负债表中，公路资产相关项目的列报内容主要包括：

(1) 公路资产净值和公路资产在建工程

在资产负债表中，应当将公路资产的完整价值以公路资产净值（反映公路资产原值减去累计折旧后的余额）和公路资产在建工程（反映尚未完工交付使用的公路资产在建工程的实际成本）的形式，列示于"公共基础设施净值""公共基础设施在建工程"项目之下。

(2) 与公路资产对应的负债和权益

依据"资产＝负债＋所有者权益"的会计恒等关系，还应当将与公路资产相关的负债和净资产作为列报内容。易言之，公路资产的净值和公路资产在建工程的价值量之和，应当等于为筹集公路建设资金所形成的负债与公路资产所形成的净资产之和。与公路资产对应的负债和净资产主要包括"长期借款""应付长期政府债券""应付转贷款""长期应付款"以及"累计盈余"等项目。

10.1.3.2　政府资产负债表中公路资产项目的表外披露内容

为了便于财务报告使用者能够较为全面地了解公路资产的价值构成，政府财务报告主体还应在资产负债表附注中对公路资产相关信息进行披露。

具体来说,与公路资产相关信息的披露内容主要包括:

(1) 公路资产的分类、计量属性和折旧方法;

(2) 各类公路资产的折旧年限及其确定依据;

(3) 各类公路资产账面余额、累计折旧额、账面价值的期初、期末数及其本期变动情况;

(4) 各类公路资产的实物量;

(5) 公路资产在建工程的期初、期末金额及其增减变动情况;

(6) 已提足折旧继续使用的公路资产的名称、数量等情况;

(7) 暂估入账的公路资产账面价值;

(8) 公路资产毁损、报废等处置情况;

(9) 其他未在报表中列示,但对政府财务状况有重大影响的事项。

10.1.4 政府资产负债表中公路资产项目的列报说明

10.1.4.1 资产负债表(表 10-1)相关项目的填报说明

1) 本表相关项目反映政府部门在某一特定日期与公路资产相关的资产、负债和净资产情况。

2) 本表"期初余额"栏内各项数字,应根据上期期末资产负债表"期末余额"栏内数字填列。如果本期资产负债表规定的各个项目的名称和内容同上期不相一致,应将上期期末资产负债表各项目的名称和数字按照本期的规定进行调整,填入本表"期初余额"栏内。

3) 本表"期末余额"栏相关项目的内容和填列方法:

(1) 资产类项目

① "公路资产净值"项目,反映公路资产原值减去累计折旧后的余额。本项目应当根据"公共基础设施——公路资产"科目期末余额减去"公共基础设施——公路资产——累计折旧"科目期末余额后的金额填列。

② "公路资产在建工程"项目,反映尚未完工交付使用公路资产在建工程的实际成本。本项目应当根据"在建工程——公路资产"科目的期末余额填列。

(2) 负债类项目

① "长期借款"项目,反映与公路资产相关的、尚未偿还的银行借款余额;数据来源于"长期借款"科目。

② "长期应付款"项目,反映与公路资产相关的、尚未偿还的其他长期应付款项的余额。本项目应当根据"长期应付款"科目的期末余额填列。

(3) 净资产类项目

"累计盈余"项目,反映与公路资产相关的净资产余额。本项目应当根据"累计盈余"科目的期末余额填列。

10.1.4.2 资产负债表(表10-2)相关项目的填报说明

1)本表相关项目反映政府整体在某一特定日期与公路资产相关的资产、负债和净资产情况。

2)本表"期初余额"栏内各项数字,应根据上期期末资产负债表"期末余额"栏内数字填列。如果本期资产负债表规定的各个项目的名称和内容同上期不相一致,应将上期期末资产负债表各项目的名称和数字按照本期的规定进行调整,填入本表"期初余额"栏内。

3)本表"期末余额"栏相关项目的内容和填列方法:

(1)资产类项目

对于"公路资产净值""公路资产在建工程""长期借款""长期应付款"项目可以依据政府部门财务报表中的相关数据填列。

(2)负债类项目

①"长期借款""长期应付款"项目可以依据政府部门财务报表中的相关数据填列。

②"应付长期政府债券"项目,反映政府财政为筹集建公路建设资金而以政府名义发行的期限超过1年的地方政府债券;该项目由财政部门填报,数据来源于"应付长期政府债券"科目。

③"应付转贷款"项目,反映政府财政期末承担的偿还期限超过一年的地方政府债券转贷款的本金金额;该项目由财政部门填报,数据来源于"应付转贷款"科目。

(3)净资产类项目

"累计盈余"项目,反映与公路资产相关的净资产余额;该项目根据"与公路相关资产减去与公路相关负债的差额"填列。

10.2 决算报告中公路资产相关资金项目的列报研究

决算报告是根据年度预算执行结果而编制的年度会计报告,它是预算执行的总结。在决算报告中,应当反映公路资产相关资金的投入和使用状况。因此,本部分对决算报告中涉及公路资产相关资金收入、支出项目的内涵和数据来源进行探讨。

10.2.1 决算报告中公路资产相关资金项目的报告主体

在政府决算报告中,应当包括与公路相关的财政预算资金拨付、使用以及结余等内容。决算报告中公路资产相关资金项目的报告主体与政府资产负债表中公路资产项目的报告主体基本一致。各级公路管理机构负责填报决算报告中与公路资产相关的资金项目,各级交通主管部门和财政部门负责汇总编制本级决算报告。

10.2.2 决算报告中公路资产相关资金项目的列报形式

对于决算报告中有关公路资产相关资金项目的信息采用表内列报与表外披露的方式进行报告。

公路资产项目在决算报告中的表内列报格式如表 10-3、表 10-4 所示,其中:表 10-3 是收入决算表,表 10-4 是支出决算表,由公路管理机构、交通运输主管部门、财政部门按旬、月度和年度填报。

表 10-3 收入决算表

编制单位: _____ 年 __ 月 __ 日   单位:元

项 目	财政拨款预算收入	事业预算收入	债务预算收入	……	其他预算收入	本年收入合计
一、公路运输						
……						
公路改建						
公路养护						
公路路政管理						
公路还贷专项						
……						
二、车辆购置税支出						
车辆购置税用于公路建设						
……						
三、车辆通行费及对应专项债务收入安排的支出						
公路还贷						
政府还贷公路管理						
其他车辆通行费及对应专项债务收入安排的支出						
……						

表 10-4 支出决算表

编制单位：　　　　　　　　年　　月　　日　　　　　单位：元

项　　目	基本支出	项目支出	本年支出合计
一、公路运输			
……			
公路改建			
公路养护			
公路路政管理			
公路还贷专项			
……			
二、车辆购置税支出			
车辆购置税用于公路建设			
……			
三、车辆通行费及对应专项债务收入安排的支出			
公路还贷			
政府还贷公路管理			
其他车辆通行费及对应专项债务收入安排的支出			
……			

10.2.3 决算报告中公路资产相关资金项目的列报内容

10.2.3.1 决算报告中公路资产相关资金项目的表内列报内容

在决算报告中，公路资产相关资金项目的列报内容包括：

（1）与公路资产相关的收入项目

在收入决算报表中，应当将与公路资产相关的收入项目进行列报，主要包括财政拨款预算收入、事业预算收入、债务预算收入、其他预算收入等项目。

（2）与公路资产相关的支出项目

在支出决算报表中，应当将与公路资产相关的支出项目进行列报，主要包括基本支出和项目支出两大类，具体又分为公路改建、公路养护、公路路政管理、公路还贷专项、车辆购置税用于公路建设支出、车辆通行费及对应专项债务收入安排的支出等。

10.2.3.2 决算报告中公路资产相关资金项目的表外披露内容

为了全面反映公路资产相关资金的收入与支出情况，除在表内披露的与公路资产相关的资金项目外，还应当在决算报告中以文字形式对重要的收入、支出项目进行说明。具体来说，公路资产相关资金的表外披露内容主要包括：

（1）公路资产相关资金收支变化较大的项目及其变动的原因；

（2）本年度公路资产建设项目的收支情况；

（3）其他未在报告中列示但对决算报告有重大影响的事项。

10.2.4 决算报告中公路资产相关资金项目的列报说明

10.2.4.1 收入决算表（表 10-3）中公路资产相关资金项目的填报说明

（1）本表相关项目反映政府部门在某一特定日期与公路资产相关的资金收入情况。

（2）本表列报的公路资产相关资金的收入项目包括："财政拨款预算收入""事业预算收入""债务预算收入""其他预算收入"等收入项目，以及将各类预算收入具体分为"公路运输""车辆购置税支出""车辆通行费及对应专项债务收入安排的支出"等。

（3）本表中公路资产相关资金项目的内容和填列方法：

①"财政拨款预算收入"项目，反映单位本期从本级财政部门取得的各类财政拨款，包括单位本年度收到的与公路资产相关的财政拨款。该项目根据"财政拨款预算收入"科目中的明细数据分析填列。

②"事业预算收入"项目，反映事业单位本期开展专业业务活动及其辅助活动取得的收入，包括事业单位收到财政专户返还的收入。该项目根据"事业预算收入"科目中的明细数据分析填列。

③"债务预算收入"项目，反映单位本期按照规定从金融机构借入的、纳入部门预算管理的债务收入，包括单位为建设公路资产而从金融机构借入的债务。该项目根据"债务预算收入"科目中的明细数据分析填列。

④"其他预算收入"项目，反映单位本期取得的其他与公路相关的预算收入。该项目根据"其他预算收入"科目中的明细数据分析填列。

（4）本表中公路资产相关资金项目的数据来源与填报流程是：首先，由公路管理机构依据账务中"财政拨款预算收入""事业预算收入""债务预算收入""其他预算收入"等相关明细科目的数据分析填列;其次,由交通运输主管部门依据公路管理机构报送的决算报表,以及账务中"财政拨款预算收入""债务预算收入""其他预算收入"等相关明细科目的数据分析填列。

10.2.4.2　支出决算表(表10-4)中公路资产相关资金项目的填报说明

(1)本表相关项目反映政府部门在某一特定日期与公路资产相关的资金支出情况。

(2)本表列报的与公路资产相关的资金支出项目包括:在"基本支出"和"项目支出"中,实际用于"公路运输""车辆购置税支出""车辆通行费及对应专项债务收入安排的支出"等方面的具体支出。

(3)本表中公路资产相关资金项目的内容和填列方法:

①"基本支出"项目,反映单位本期发生的与公路资产相关的行政运行、管理和服务等维持单位基本运作的支出。

②"项目支出"项目,反映单位本期用于公路改建、日常养护、路政管理、公路还贷、车辆购置税用于公路建设、车辆通行费及对应专项债务收入等发生的支出等。

(4)本表中公路资产相关资金项目的数据来源与填报流程是:首先,由公路管理机构依据账务中"事业支出"相关明细科目的数据分析填列;其次,由交通运输主管部门依据公路管理机构报送的决算报表,以及账务中"行政支出"相关明细科目的数据分析填列。

10.3　公路资产实物报告研究

公路资产实物报告是综合反映公路资产价值量信息和物理量信息的行业报告。为了加强公路行业管理工作,公路管理机构需要向交通运输主管部门报送公路资产行业报告,其内容应当包括公路资产价值构成、折旧费用、在建工程、养护费用、公路资产拥有量等方面的详细信息,以便行业管理部门能够全面掌握公路资产状况,促进交通运输主管部门、公路管理机构更好地开展行业管理工作,推进公路事业稳步发展。

10.3.1　公路资产实物报告的报告主体

公路资产实物报告实际上是行业资产报告,应当按照公路行业管理体制的层级关系进行编制与汇总。各级公路管理机构应根据本单位所管理的公路资产,编制公路资产实物报告,同时,还要将其报送至同级交通运输主管部门。省级交通运输主管部门负责汇总编制省级层面的公路资产实物报告。

10.3.2 公路资产实物报告的列报内容

为了便于行业管理者和其他报告使用者能够获取公路资产的相关详细信息，公路资产实物报告应当包括：

(1) 公路资产、公路资产折旧费用、公路资产在建工程、公路资产养护费用等价值量信息。

(2) 公路资产拥有量等价值量和物理量信息。

10.3.3 公路资产实物报告的列报格式

公路资产实物报告的列报格式如表 10-5 至表 10-9 所示，其中：表 10-5 是公路资产明细表；表 10-6 是公路资产折旧费用明细表；表 10-7 是公路资产在建工程明细表；表 10-8 是公路资产养护费用明细表；表 10-9 是公路资产拥有量明细表。上述报表均由各级公路管理机构及交通运输主管部门按年度填报。

表 10-5 公路资产明细表

编制单位： ＿＿＿＿＿＿年＿＿＿月＿＿＿日　　　　单位：元

项　目	期初数			期末数		
	资产原值	累计折旧	资产净值	资产原值	累计折旧	资产净值
一、公路构筑物设施						
其中：路面						
路基						
桥梁						
隧道						
涵洞						
其他						
二、安全设施						
其中：护栏						
交通指示线						
交通灯						
交通指示牌						

续表

项　　目	期初数			期末数		
	资产原值	累计折旧	资产净值	资产原值	累计折旧	资产净值
其他						
三、收费设施						
四、监控设施						
五、环境保护设施						
其中：道路绿化						
噪声屏障						
隔声窗						
其他						
六、其他						
合　　计						

表 10-6　公路资产折旧费用明细表

编制单位：　　　　　　　　　　　　　　年　　　　　　　　单位：元

项　　目	上年末累计折旧额	本年计提折旧额	本年末累计折旧额
一、公路构筑物设施			
二、安全设施			
三、收费设施			
四、监控设施			
五、环境保护设施			
六、其他			
合　　计			

表 10-7 公路资产在建工程明细表

编制单位：_____ _____年　　　　　　　　单位：元

项　目	期初余额	本期发生额	期末余额
一、修缮工程			
（一）公路构筑物设施			
（二）安全设施			
（三）收费设施			
（四）监控设施			
（五）环境保护设施			
（六）其他			
二、改扩建工程			
（一）公路构筑物设施			
（二）安全设施			
（三）收费设施			
（四）监控设施			
（五）环境保护设施			
（六）其他			
三、新建工程			
（一）公路构筑物设施			
（二）安全设施			
（三）收费设施			
（四）监控设施			
（五）环境保护设施			
（六）其他			
合　计			

表 10-8 公路资产养护费用明细表

编制单位：　　　　　　　　　　　　　　　年　　　　　　　　　　单位：元

项　　目	上年发生额	本年发生额
一、公路构筑物设施		
二、安全设施		
三、收费设施		
四、监控设施		
五、环境保护设施		
六、其他		
合　　计		

表 10-9 公路资产拥有量明细表

编制单位：　　　　　　　　　　　　　　　年　　　　　　　　　　单位：元

项　　目	期初数		期末数	
	实物量指标	价值量指标	实物量指标	价值量指标
一、公路里程与价值				
其中：高速公路				
一级公路				
二级公路				
三级公路				
四级公路				
等外公路				
二、公路构造物				
公路桥梁数量(座)				
公路桥梁长度(m)				
涵洞数量(道)				
公路隧道数量(处)				
公路隧道长度(m)				
三、收费公路				
收费公路里程(km)				
收费桥梁数量(座)				
收费隧道数量(处)				

10.3.4 公路资产实物报告的列报说明

10.3.4.1 公路资产明细表(表10-5)的列报说明

(1) 本表反映按照提供的服务功能来划分的公路资产的资产原值、累计折旧和资产净值。其中,"公路构筑物设施"项目又包括"路面""路基""桥梁""隧道""涵洞"和"其他";"安全设施"项目又包括"护栏""交通指示线""交通灯""交通指示牌"和"其他";"环境保护设施"项目又包括"道路绿化""噪声屏障""隔声窗"和"其他"。

(2) 本表需要列报各个报表项目的资产原值、累计折旧、资产净值的期初余额和期末余额,其中:资产净值由资产原值减去累计折旧之后的余额确定。

10.3.4.2 公路资产折旧费用明细表(表10-6)的列报说明

(1) 本表反映按照提供的服务功能来划分的公路资产的折旧计提情况。

(2) 本表需要列报各个报表项目的上年末累计折旧额、本年计提折旧额和本年末累计折旧额。

10.3.4.3 公路资产在建工程明细表(表10-7)的列报说明

(1) 本表反映按照提供的服务功能来划分的公路资产修缮工程、改扩建工程、新建工程等三类项目,从工程的性质与工程所属交通基础设施提供服务的功能两个维度反映政府交通基础设施的在建工程情况。其中,在每类项目下又具体包括"公路构筑物设施""安全设施""收费设施""监控设施""环境保护设施""其他"六项内容。

(2) 本表需要列报各个报表项目的期初余额、本期发生额和期末余额。

10.3.4.4 公路资产养护费用明细表(表10-8)的列报说明

(1) 本表反映公路资产养护费用的上年发生额和本年发生额,具体包括"公路构筑物设施""安全设施""收费设施""监控设施""环境保护设施""其他"六项内容。

(2) 本表需要列报各个报表项目的上年发生额和本年发生额。

10.3.4.5 公路资产拥有量明细表(表10-9)的列报说明

(1) 本表既反映了公路资产的价值量信息,也反映了公路资产的物理量信息,包括公路里程与价值、公路构造物和收费公路等三大类项目。其中,公路里程与价值包括"高速公路""一级公路""二级公路""三级公路""四级公路""等外公路"等项目的里程数以及价值;公路构造物包括公路桥梁数量、公路桥梁长度、涵洞数量、公路隧道数量、公路隧道长度等量化指标,以及各项目的价值；收费公路包括收费公路里程、收费桥梁数量、收费隧道数量等项目的量化指标，以及各项目的价值。

（2）本表需要列报各个报表项目的实物量指标和价值量指标的期初数和期末数。

10.4 公路资产相关报告的编制与汇总研究

在前文分析中，我们探讨了政府资产负债表中公路资产项目的列报、决算报告中涉及公路资产的相关资金项目列报，以及公路资产实物报告等三个方面的问题。接下来，我们需要进一步探讨公路资产相关报告的编制与汇总问题。

10.4.1 政府资产负债表和决算报表的编制与汇总

《政府会计准则——基本准则》第五条指出："政府会计主体应当编制决算报告和财务报告。"事实上，政府资产负债表是政府财务报告中的报表，收入决算表和支出决算表是决算报告的组成部分。政府资产负债表和决算报表中与公路资产相关项目的编制与汇总问题，实质上就是政府财务报告和决算报告的编制与汇总问题。

政府财务报告和决算报告的编制与汇总路线如下：

（1）县（区）层面的政府财务报告和决算报告的编制与汇总

首先，由县（区）公路管理机构编制本单位的财务报告和决算报告，并将相关报告报送至县（区）交通运输局；然后，县（区）交通运输局将公路管理机构报送的财务报告、决算报告与本单位的财务报告、决算报告进行汇总、合并、抵消，形成县（区）层面的政府部门财务报告和部门决算报告，并将相关报告报送至同级财政部门；其次，县（区）财政部门根据县（区）交通运输局报送的政府部门财务报告和部门决算报告，作为县（区）层面政府综合财务报告和决算报告中相关项目的填报基础。

（2）市级层面的政府财务报告和决算报告的编制与汇总

首先，由市级公路管理机构编制本单位的财务报告和决算报告，并将相关报告报送至市级交通运输局；然后，市级交通运输局将公路管理机构报送的财务报告、决算报告与本单位的财务报告、决算报告进行汇总、合并、抵消，形成市级层面的政府部门财务报告和部门决算报告，并将相关报告报送至同级财政部门；其次，市级财政部门根据市级交通运输局报送的政府部门财务报告和部门决算报告,作为市级层面政府综合财务报告和决算报告中相关项目的填报基础。

(3) 省级层面的政府财务报告和决算报告的编制与汇总

首先,由厅公路局、省高管局编制本单位的财务报告和决算报告,并将相关报告报送至省交通运输厅;然后,省交通运输厅将厅公路局、省高管局报送的财务报告、决算报告与本单位的财务报告、决算报告进行汇总、合并、抵消,形成省级层面的政府部门财务报告和部门决算报告,并将相关报告报送至省级财政部门;最后,省级财政部门根据省交通运输厅报送的政府部门财务报告和部门决算报告,作为省级层面政府综合财务报告和决算报告中相关项目的填报基础。

特别的,对于"省直管县"的县级财政部门,由县级财政部门直接将县级层面的政府综合财务报告、决算报告报送至省级财政部门。

根据上述分析,政府财务报告和决算报告的编制与汇总程序,如图10-1所示。

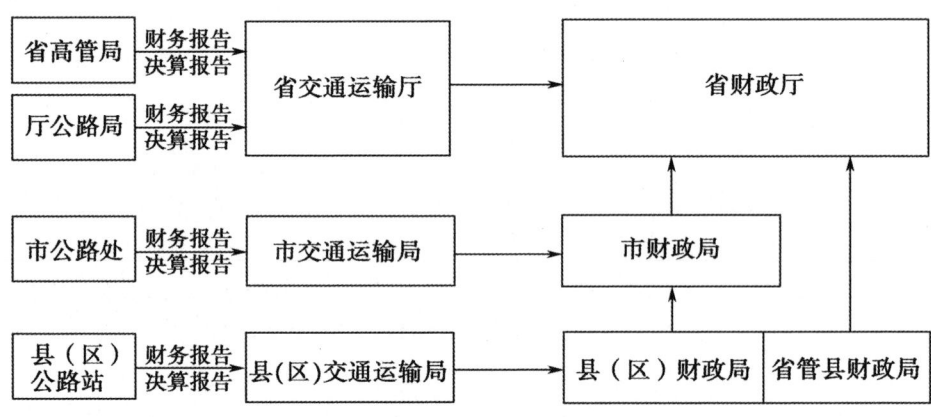

图 10-1 政府财务报告和决算报告的编制与汇总程序

10.4.2 公路资产实物报告的编制与汇总

公路资产实物报告实际上是行业资产报告,应当按照公路行业管理体制的层级关系进行编制与汇总。其具体的编制与汇总路线如下:

第一步,由县(区)公路管理机构根据本单位所管理的公路资产,编制公路资产实物报告。同时,县(区)公路管理机构应当将公路资产实物报告,报送至同级交通运输主管部门和市级公路管理部门。

第二步,市级公路管理部门根据本单位所管理的公路资产以及各县(区)

公路管理部门报送的公路资产实物报告,汇总编制公路资产实物报告。同时,市级公路管理部门应当将公路资产实物报告,报送至同级交通运输主管部门和厅公路局。

第三步,厅公路局根据本单位所管理的公路资产以及各市级公路管理部门报送的公路资产实物报告,汇总编制公路资产实物报告,并报送至省交通运输主管部门;省高速公路管理局根据本单位所管理的公路资产,编制公路资产实物报告,并报送至省交通运输主管部门。

第四步,省交通运输主管部门根据厅公路局、省高速公路管理局报送的公路资产实物报告,汇总编制省级层面的公路资产实物报告。

公路资产实物报告的编制与汇总程序,具体如图 10-2 所示。

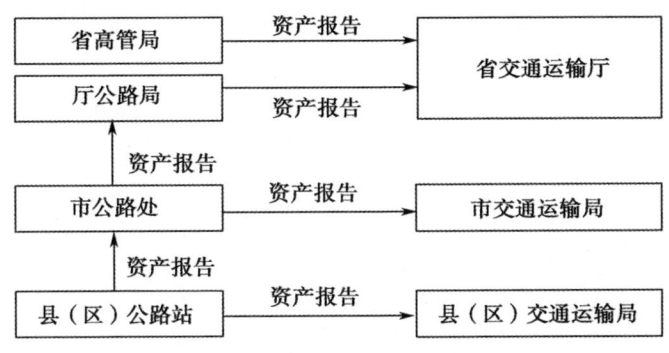

图 10-2　公路资产实物报告的编制与汇总

本章结语:

本章主要解决"如何报告"的问题。公路资产及其相关信息应当在政府资产负债表、政府决算报告和公路资产行业报告中得以全面反映。

公路资产作为公共基础设施的重要组成部分,在政府财务报告中主要应以二级科目的形式列报于政府资产负债表中的"公共基础设施"项目下;同时,基于"资产=负债+所有者权益"的会计恒等关系,还应当列报与公路资产相对应的负债和净资产。因此,本章首先探讨了政府资产负债表中与公路资产相关资金项目的报告主体、列报形式,以及与公路资产相关的资产、负债和净资产项目的内涵和数据来源等。

其次,决算报告应当反映公路资产相关资金的投入和使用状况,因此,探讨了决算报告中公路资产相关资金项目的报告主体、列报形式,以及涉及公路资产相关资金收入、支出项目的内涵和数据来源等。

再者,探讨了公路资产实物报告应当反映的内容,并设计出"公路资产明细表""公路资产折旧费用明细表""公路资产在建工程明细表""公路资产养护费用明细表""公路资产拥有量明细表"等报表,以从行业角度较为全面地反映公路资产的相关信息。

最后,进一步探讨了政府资产负债表和决算报表中公路资产相关项目的编制与汇总问题,实质上就是政府财务报告和决算报告的编制与汇总问题,以及公路资产实物报告的编制与汇总问题。

第 11 章 公路资产会计准则具体应用指南

公路资产会计准则应用指南是对准则的重点、难点和关键性问题进行具体解释和说明,使政府会计人员在对公路资产进行确认、计量和报告时能够有据可依、有章可循,从而有助于政府会计人员解决准则运用过程中遇到的问题,确保公路资产会计准则得以贯彻实施。

11.1 关于适用范围

公路资产会计准则适用于各级政府财政部门、交通运输主管部门、公路管理机构等行政单位和事业单位,用于指导相关政府会计主体对其负有管理维护职责的公路资产进行确认、计量和报告等实务工作。

对于公路经营企业、地方融资平台公司、公路建设企业、公路养护企业等,应当执行《企业会计准则》,但公路经营企业在向交通运输主管部门、公路管理机构报送公路资产报告时,需要按照政府财务报告的相关口径予以调整。

采用政府和社会资本合作模式(即 PPP 模式)形成的公路资产的确认和初始计量,适用其他相关政府会计准则。

11.2 关于会计主体的确定

公路资产会计主体的确定主要解决"谁来核算与报告"的问题。根据资产管理权、事权划分、财政预算拨款关系和受托责任等公路资产会计主体的确定原则,可以将公路资产的会计主体分为公路资产的事业单位会计主体和公路资产的行政单位会计主体两类。

11.2.1 公路资产的事业单位会计主体

公路管理机构受交通运输主管部门委托行使公路的资产管理权,对所管理的公路资产形成了实质"控制"。公路管理机构既处于公路资产管理纵向链条的末端,也是公路资产维护资金的预算单位和使用单位,负有对公路资产管理维护的职责。因此,公路管理机构应当作为公路资产的会计主体。其中:

11.2.1.1 非收费普通国省道

(1) 根据资产管理权原则:一般情况下,市级公路管理机构是该类公路资产的会计核算主体和报告主体。

(2) 结合事权划分原则:如果县(区)级政府承担了主要投资责任,则应当由县(区)级公路管理机构作为该类公路资产的会计核算主体和报告主体。

11.2.1.2 政府还贷性普通国省道

按照资产管理权原则,市级公路管理机构为该类公路资产的会计核算主体和报告主体。结合事权划分原则,具体又分为以下情况:

(1) 如果由市级政府承担主要投资责任,则该公路资产的会计核算主体和报告主体为市级公路管理机构;

(2) 如果由县(区)级政府承担主要投资责任,则该公路资产的会计核算主体和报告主体为县(区)级公路管理机构。

11.2.1.3 经营性普通国省道

(1) 按照资产管理权原则,市级公路管理机构为该类公路资产的会计核算主体和报告主体。

(2) 考虑到公路资产经营权的委托情况,具体又分为:

① 如果是由省交通运输厅授予的经营权,则该公路资产的会计核算主体和报告主体为省交通运输厅公路局;

② 如果是由市级交通运输主管部门授予的经营权,则该公路资产的会计核算主体和报告主体为市级公路管理机构;

③ 如果是由县(区)级交通运输主管部门授予的经营权,则该公路资产的会计核算主体和报告主体为县(区)级公路管理机构。

(3) 最后,结合经营性公路资产的实际投资、建设、管理养护情况,公路经营企业实际掌握公路资产的价值变动状况。因此,公路经营企业可以作为该类公路资产的会计核算主体,并需要向交通主管部门、公路管理机构报送公路资产报告。公路管理机构仅为该类公路资产的报告主体。

11.2.1.4 农村公路

按照资产管理权原则,县(区)级公路管理机构是农村公路资产的会计核算主体和报告主体。

11.2.1.5 政府还贷性高速公路

(1) 根据资产管理权原则:江苏省高速公路管理机构是政府还贷性高速公路的会计核算主体和报告主体。

(2) 结合政府还贷性高速公路资产的实际投资、建设、管理养护情况,江苏省高速公路经营管理中心可以作为该类公路资产的会计核算主体,同时负有向江苏省高速公路管理局报送公路资产报告的义务。江苏省高速公路管理局仅作为该类公路资产的报告主体。

11.2.1.6 经营性高速公路

(1) 根据资产管理权原则:江苏省高速公路管理局是经营性高速公路的会计核算主体和报告主体。

(2) 结合经营性高速公路资产的实际投资、建设、管理养护情况,需要分以下两种情况:

① 对于由省级投融资主体建设的高速公路,江苏交通控股有限公司可以作为该类公路资产的会计核算主体,并需要向江苏省高速公路管理局报送公路资产报告;江苏省高速公路管理局作为该类公路资产的会计报告主体。

② 对于由市级投融资主体建设的高速公路,市级政府或交通运输主管部门下属的高速公路企业可以作为该类公路资产的会计核算主体,并需要向市级公路管理机构报送公路资产报告。市级公路管理机构仅作为该类公路资产的会计报告主体。

综上所述,优先考虑以"资产管理权"作为公路资产会计主体确定原则,同时结合实际情况兼顾其他原则,不同类型公路资产的会计核算主体和报告主体如表11-1所示。

11.2.2 公路资产的行政单位会计主体

(1) 交通运输主管部门

从公共受托责任角度来看,交通运输主管部门接受政府委托管理公路资产,负有向政府和社会公众报告的义务,是政府部门财务报告和公路资产行业报告的编制主体。

交通运输主管部门可以通过汇总、合并公路管理机构的财务报告和公路资产报告,来编制本级政府部门财务报告和公路资产行业报告。

表 11-1 不同类型公路资产的会计主体确定

公路类型	资产管理权		综合考虑其他原则	
	会计核算主体	会计报告主体	会计核算主体	会计报告主体
一、普通国省道				
（一）非收费普通国省道				
(1) 市级政府承担主要投资	市级公路管理机构	市级公路管理机构	市级公路管理机构	市级公路管理机构
(2) 县级政府承担主要投资	县级公路管理机构	县级公路管理机构	县级公路管理机构	县级公路管理机构
（二）政府还贷性普通国省道				
(1) 市级政府承担主要投资	市级公路管理机构	市级公路管理机构	市级公路管理机构	市级公路管理机构
(2) 县级政府承担主要投资	县级公路管理机构	县级公路管理机构	县级公路管理机构	县级公路管理机构
（三）经营性普通国省道				
(1) 省级部门授予经营权	省交通运输厅公路局	省交通运输厅公路局	公路经营企业	省交通运输厅公路局
(2) 市级部门授予经营权	市级公路管理机构	市级公路管理机构	公路经营企业	市级公路管理机构
(3) 县级部门授予经营权	县级公路管理机构	县级公路管理机构	公路经营企业	县级公路管理机构
二、农村公路	县级公路管理机构	县级公路管理机构	县级公路管理机构	县级公路管理机构
三、高速公路				
（一）政府还贷性高速公路	省高速公路管理机构	省高速公路管理机构	省高速公路经营管理中心	省高速公路管理机构
（二）经营性高速公路				
(1) 省级投融资主体	省高速公路管理机构	省高速公路管理机构	江苏交通控股有限公司	省高速公路管理机构
(2) 市级投融资主体（南京、苏州、常州）	市级公路管理机构	市级公路管理机构	高速公路经营企业	市级公路管理机构

(2) 财政部门

从财政预算资金投入角度来看，各级政府财政部门应当对所投入的财政预算资金进行核算，反映与公路投资相关的财政预算资金拨付业务，由此作为政府财务报告和决算报告中相关项目的填报基础。

财政部门是政府综合财务报告的编制主体，应当在交通运输主管部门编制的政府部门财务报告基础上，通过获取与公路资产相关的资产、负债以及权益信息，将其作为政府综合财务报告中相关项目的填报依据。

11.2.3 公路资产会计主体之间的关系

11.2.3.1 各级交通运输主管部门的政府部门财务报告编制流程

(1) 县(区)层面的政府部门财务报告

首先，由承担公路资产管理权的县(区)公路管理机构，编制本单位的财务报告；然后，县(区)公路管理机构将本单位财务报告报送至县(区)交通运输局，县(区)交通运输局将县(区)公路管理机构报送的财务报告与本单位财务报告进行汇总、合并、抵消，形成县(区)层面的政府部门财务报告。

(2) 市级层面的政府部门财务报告

首先，由承担公路资产管理权的市级公路管理机构，编制本单位的财务报告；其次，市级交通运输局依据市级公路管理机构编制的财务报告与本单位财务报告进行汇总、合并、抵消，形成市级层面的政府部门财务报告。

(3) 省级层面的政府部门财务报告

首先，由承担公路资产管理权的厅公路局、省高速公路管理局，编制或汇总编制本单位的财务报告；其次，省交通运输厅根据厅公路局的财务报告、省高速公路管理局的财务报告与本单位财务报告进行汇总、合并、抵消，形成省级层面的政府部门财务报告。

为了加强公路行业管理工作，便于行业管理部门全面掌握公路资产的物理信息和价值信息，公路经营企业应当向公路管理机构报送公路资产报告，同时公路管理机构应当向上一级公路管理机构报送公路资产行业报告。公路资产报告主要包括公路资产价值构成、折旧费用、在建工程、养护费用、公路资产拥有量等方面的详细信息。

11.2.3.2 各级财政部门的政府综合财务报告编制流程

(1) 县(区)财政部门根据县(区)交通运输局编制的政府部门财务报告，获取与公路资产相关的资产、负债以及权益信息，以此作为县(区)层面政府综合财务报告中相关项目的填报基础。

(2)市级财政部门根据各个县(区)层面政府综合财务报告、市级交通运输局编制的政府部门财务报告进行信息提取、汇总、合并,作为市级政府层面的综合财务报告中相关项目的填报基础。

(3)省级财政部门根据各个市级层面政府综合财务报告、省直管县的政府综合财务报告、省交通运输厅编制的政府部门财务报告进行信息提取、汇总、合并,作为省级政府层面的综合财务报告中相关项目的填报基础。

特别的,对于"省直管县"的县级财政部门,由县级财政部门直接将县级层面的政府综合财务报告报送至省级财政部门。

综上所述,政府部门财务报告、政府综合财务报告和公路资产行业报告的编制与汇总关系如图11-1所示。

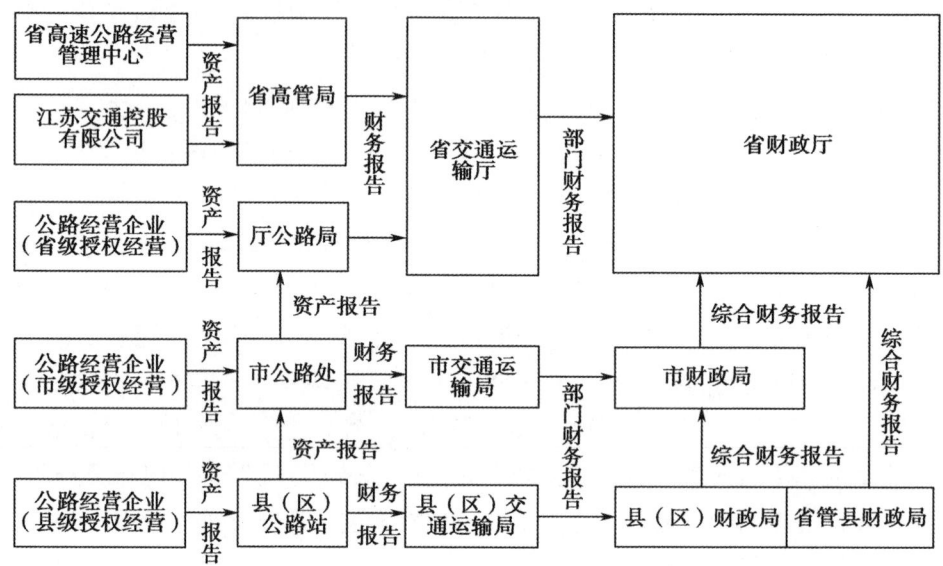

图11-1 不同公路资产会计主体之间的关系

11.3 关于公路资产管理权的认定

公路资产管理是从维护公路资产所有权出发,对公路资产的产权、使用、收益、处置等进行的管理。资产管理者负责公路资产路政管理、养护管理等工作,对公路资产构成了实际"控制"。因此,各级交通运输主管部门和其授权的公路管理机构是公路资产管理权的承担者。

依据《中华人民共和国公路法》《公路安全保护条例》等规定，公路管理机构负有管理和保护公路的责任。公路管理机构承担了管理和保护公路资产的责任，构成对公路资产的实际"控制"，应当作为公路资产的会计主体。具体来说，交通运输主管部门所属的公路管理机构实际承担了高速公路、普通国省道和农村公路的资产管理权。

虽然通过交通运输主管部门的授予，公路管理机构可以获得行业管理、路政管理、养护管理和监督管理等多项管理权利，但其基本权利是对公路资产的养护管理权。因此，公路的资产管理权可以具体定位于公路资产的养护管理权。

《政府会计准则——基本准则》将政府资产界定为政府会计主体"控制"的经济资源。对于公路资产而言，资产管理权就是"控制"的具体化。因此，谁承担了公路资产的实际资产管理权，就承担了对公路资产进行核算与报告的责任。特别的，对于跨越多个省、市的国省道，其资产管理权由公路所经过省、市的多个主体分别承担，应当由各个主体分别对其负有资产管理权的相应路段进行核算与报告。

11.4 关于公路资产的组成

公路资产组成部分可以分为两大类，即公路构筑物设施和公路沿线设施。

（1）公路构筑物设施

公路构筑物设施即构成公路主体的各部分，包括路面、路基、桥梁、隧道、涵洞等。

（2）公路沿线设施

公路沿线设施包括安全设施、环保设施、监控实施、收费设施等。

其中：安全设施是指在交通安全上发挥指示作用的相关设施，包括护栏、交通指示线、交通指示牌等；

收费设施是指为保证收费有序实现而设置，且收费期满移交给交通运输主管部门的中心设备、收费站设备、车道设备等；

监控设施是指监控交通运行情况的系统、线路和检测器具等；

环保设施包括道路绿化、噪声屏障、隔声窗等。

11.5 关于公路资产的确认

(1) 关于增量公路资产与存量公路资产的区分

增量公路资产,是指在政府会计主体对公路资产按照权责发生制基础进行核算之后,当期竣工验收合格形成或者尚未完成竣工验收但已完成交工验收并交付使用的公路资产。

存量公路资产,是指在政府会计主体对公路资产按照权责发生制基础进行核算之前,所投资建造形成且在当期仍在使用的公路资产。

(2) 增量公路资产的确认条件与确认时间

竣工验收合格并交付使用的公路及相关设施才能确认为公路资产。经批准的竣工财务决算是最为规范、最具效力的文件,应当作为增量公路资产确认的依据。

考虑到批准竣工财务决算需要一定的周期,对增量公路资产的确认:

首先,依据交付使用时获得的竣工财务决算确认增量公路资产的价值;

然后,根据经批准的竣工财务决算进行相应调整。

如果公路资产已经交付使用,但尚未完成竣工财务决算,应当于交付使用时按照估计价值确定其成本;待获得经批准的竣工财务决算后,再按实际成本调整原来的暂估价值。

增量公路资产若由政府会计主体自建或委托其他单位建造,应当于验收合格并交付使用时确认;若政府会计主体接受无偿调入(划拨)的公路资产,应当于取得该公路资产的资产管理权限时予以确认。

(3) 存量公路资产的确认条件与确认时间

存量公路资产已经交付使用了一定的时间,其资产状态较初始交付使用时发生了不同程度的改变,相关资料的完备程度各异。因此,应当分为不同的情况进行确认:

① 若存量公路资产经批准的竣工财务决算资料完备,使用阶段的养护活动资金投入清晰,能够判断公路资产的使用效能或使用年限,则可依据经批准的竣工财务决算和相关原始资料确定存量公路资产的价值。

② 若缺乏相关资料,且难以理清使用后的改扩建、折旧等情况,致使不能够准确确定其价值的,应当对公路资产的近期状态进行评估,判断其尚可使用的年限或使用效能,以重置成本入账。

存量公路资产,应于实行按权责发生制基础进行核算时进行确认。

11.6 关于公路资产的初始计量

(1) 增量公路资产的初始计量
① 政府会计主体自行建造公路资产的初始计量
政府自行投资建造的公路资产,其成本包括完成批准的建设内容所发生的全部必要支出,具体包括项目前期费用、征地拆迁补偿费用、建筑安装费、设备购置费、工程检测费、利息费用、建设管理费、招投标费、审计费、监理费、竣工验收费、其他支出等。
政府自行建造的公路资产在计量时,应当以实际发生的各项支出为基础确定公路建设成本。同时,还应当将建设单位并没有承担的征地拆迁补偿费用、前期规划费用等计入到公路建设成本。
② 政府会计主体接受其他会计主体移交公路资产的初始计量
政府会计主体接受其他会计主体移交的公路资产,其成本按照该项公路资产在移交方的账面价值加上归属于调入方的相关费用进行初始计量。
(2) 存量公路资产的初始计量
对于存量公路资产一般应当按照历史成本计量;在无法取得历史成本或者历史成本不能客观地反映存量公路资产实际价值的情况下,如果按规定经过资产评估的,公路资产成本按照评估价值确定;如果未经过资产评估的,公路资产成本按照重置成本确定。
① 保存有经批准的竣工财务决算的存量公路资产初始计量
对于保存有经批准的竣工财务决算的存量公路资产,公路管理机构应当根据竣工财务决算记载的工程造价作为公路资产建造或者取得时的成本,减去应计提的折旧额作为存量公路资产的初始入账价值。
此外,由于部分公路资产可能经过多次改扩建,公路资产的实际价值相对于初始建造成本有较大的变动,导致原始资料的参考价值不大。在这种情况下,公路管理机构可委托资产评估机构进行价值评估或者按照公路资产的重置成本确定其初始入账价值。
② 经竣工财务决算但资料已缺失的存量公路资产初始计量
对于经竣工财务决算但资料已缺失的存量公路资产,公路管理机构可以委托资产评估机构对公路资产进行价值评估,或者采用重置成本法进行初始

计量。

a. 委托资产评估机构评估

公路管理机构可以委托资产评估机构,来评估存量公路资产的价值,其成本按照评估价值入账。由于资产评估机构的专业性较强,能够在很大程度上保证公路资产的评估价值相对客观。然而,公路管理机构需要支付一定的评估费用,在一定程度上增加了公路管理机构的负担。

b. 重置成本法计量

即按照现在建造或者取得相同或者相似公路资产所需支付的现金或者现金等价物的金额,作为存量公路资产的初始入账价值。针对公路资产而言,其具体计算公式为:公路资产成新率＝尚可使用年限/预计使用年限,公路资产初始入账价值＝重置成本×成新率。

在确定公路资产的重置成本时,可以采用单位定额标准确定重置成本。

首先对苏北、苏中、苏南等地区设定不同的单位定额标准,然后按照存量公路资产的里程乘以相应地区、相应等级公路的单位定额标准,作为存量公路资产的重置成本,具体公式为:

$$重置成本＝公路里程×单位定额标准$$

11.7 关于公路资产的后续支出

(1) 公路资产的日常维护支出

公路资产日常维护支出并不会改变公路的等级以及服务水平,其目的是为了使道路保持或恢复其初始状态。因此,公路资产的日常维护支出应当按照实际发生的金额进行计量,并计入当期支出。

(2) 公路资产的大中修支出

公路资产的大中修是对公路原有技术状况的恢复,维持原有的技术标准,并未扩大公路的规模或提升其通行能力等。因此,公路资产的大中修支出应当予以费用化,按照实际发生的金额进行计量,并计入当期支出。

(3) 公路资产的改扩建支出

公路资产的改扩建工程实施的结果是扩大了公路的规模,或提升了公路的技术等级,最终提升了公路的通行能力、增加了公路资产的使用效能,因此为增加公路资产使用效能或延长其使用年限而发生的改建、扩建等支出,应当予以资本化计入公路资产成本。公路资产成本按照原公路资产账面价值加上改扩建发生的费用,再扣除公路资产拆除部分的账面价值后的金额确定。若有部分路段降级,应将新增路段价值扣除被替代的老路价值计入公路资产成本。

另外,公路资产发生改扩建支出时,政府会计主体应将该公路资产的账面价值、已计提的累计折旧转入在建工程。当公路资产转入在建工程,应停止计提折旧。在公路资产的改扩建工程完工并达到预定可使用状态时,再从"在建工程"科目转入"公共基础设施——公路资产",并按重新确定的公路资产成本、使用寿命和折旧方法计提折旧。

11.8 关于公路资产建设形成利息的资本化确认

总体来说,为建造公路资产借入的专门借款的利息,属于建设期间发生的,计入该公路资产的在建工程成本;不属于建设期间发生的,计入当期费用。具体分以下情况:

(1) 公路资产建设期间,持续建设和正常建设中断期间发生的借款利息,应当于发生当期计入公路资产成本。

(2) 建设非正常中断期间借款利息不应计入公路资产成本,应当于发生当期予以费用化。

(3) 公路资产交付使用之后,因公路资产建设形成的利息于发生当期予以费用化。

11.9 关于公路资产的折旧

(1) 公路资产计提折旧的范围

对于公路资产的不同组成部分,各组成部分是否计提折旧需要结合其自身特性和使用特点进行区分。

① 一般来说,在正常使用条件下,路基只需进行日常维护保养即可使其性能得到维持并一直使用,即使大中修也很少对路基进行重新碾压,多是对路面层进行更换,而且在公路工程技术标准及设计规范中,也未规定路基结构的设计使用年限。因此,路基不予折旧,路面应予以折旧。

② 桥梁、隧道、涵洞工程本身有设计年限,设计时考虑的是饱和通行量

情况下的承载能力,应当纳入折旧范围。

③ 安全实施,包括护栏、交通指示线、交通灯、交通指示牌等,主要是依附路面因车辆通行造成磨损或者自然毁损,部分受到交通事故的影响,有一定的更新的可能性,应当纳入折旧范围。

④ 对于环保设施,主要是日常的维护,一般没有系统更新的需求,绿化本身也具有特殊性,植物的生长和使用年限难以辨别,因此不纳入折旧范围。

⑤ 监控设施在监控交通运行的过程中发挥重要作用,考虑到其基本设计,也可能因社会进步、技术更新等因素发生更新,因此纳入折旧范围。

⑥ 对于收费设施,是为了保障收费维持秩序而建造的,其使用有一定期限,收费期满,这些收费设施将要撤离,成为不需用的资产,因此,在收费期内对其进行折旧。

具体如表 11-2 所示。

表 11-2　公路资产计提折旧的范围

公路资产的组成部分	公路资产组成明细	是否计提折旧
公路构筑物设施	路基、路面	路基部分不折旧,路面部分应折旧
	桥梁、隧道、涵洞	应计提折旧
公路沿线设施	安全实施	应计提折旧
	环保设施	不纳入折旧范围
	监控设施	应计提折旧
	收费设施	在收费期内计提折旧

(2) 公路资产计提折旧的原则

政府会计主体应当在初始确认公路资产时,分析判断该公路资产的预计使用年限(可参照公路资产的设计年限来确定),并在预计使用年限内对其计提折旧,预计使用年限一经确定不得随意变更。

考虑到公路资产的特殊性,在处置或报废时一般不能产生收益,因此对公路资产计提折旧时不考虑预计净残值。

公路资产应当按月计提折旧,并计入当期费用。公路资产应当自达到公路资产确认条件时开始计提折旧,终止确认时停止计提折旧。当月增加的公路资产,当月开始计提折旧;当月减少的公路资产,当月不再计提折旧。

公路资产提足折旧后,无论能否继续使用,均不再计提折旧;已提足折旧的公路资产,可以继续使用的,应当继续使用,并规范实物管理。

(3) 折旧方法的选择

政府会计主体应当根据与公路资产有关的经济利益或服务潜力的预期实现方式,合理选择折旧方法。选择不同的公路资产折旧方法,将会影响公路资产使用寿命期间内不同时期的折旧费用。为了保持折旧政策的一贯性,公路资产的折旧方法一经确定,不得随意变更。

对于公路资产计提折旧,可供选择的折旧方法主要包括年限平均法、车流量法等,建议选择平均年限法,既符合实际又简单直接,易于实务操作。如果政府会计主体认为采用车流量法更符合公路资产服务能力或经济利益的实现方式,也可以选择车流量法。

(4) 改扩建后的折旧

对于为了延长公路资产使用年限或者增加使用效能而发生的改扩建支出,由于符合公路资产确认条件,应当予以资本化。在对原有公路资产进行改扩建时,政府会计主体应将该公路资产的账面价值、已计提的累计折旧转入在建工程,并在此基础上重新确定公路资产价值。

当公路资产转入在建工程之后,应当停止计提折旧。在公路资产改扩建完工并达到预定可使用状态时,再从在建工程转为公路资产,并按照重新确定的公路资产成本、使用寿命和折旧方法计提折旧。

11.10 关于公路资产的处置

(1) 公路资产的无偿调出

政府会计主体按照规定报经批准后向其他单位移交公路资产时,应当将公路资产的账面价值予以转销,无偿调出中发生的归属于调出方的相关费用应当计入当期费用。

如果仅仅涉及一条公路的某一段无偿调出,需要对公路资产的价值进行切分。建议按照调出段公路的长度(km)占整条公路总长度(km)的比值,乘以整条公路的账面价值得出调出段公路资产的账面价值,并按调出段公路资产的账面价值予以转销。其计算公式如下:

调出段公路资产价值 = 整条公路资产价值 × 调出段公路的长度 / 整条公路总长度

(2) 公路资产的报废、毁损

政府会计主体按规定报经批准报废公路资产或公路资产遭受重大毁损的，应当将公路资产账面价值予以转销，计入到"待处理财产损溢"。经批准予以核销时，再将"待处理财产损溢"计入到当期费用。

11.11　关于应设置的相关会计科目和主要账务处理

11.11.1　相关预算会计科目和主要账务处理

涉及公路资产核算的预算会计科目，主要包括财政拨款预算收入、债务预算收入、非同级财政拨款预算收入、行政支出、事业支出、其他支出（支付的利息）、资金结存等。

11.11.1.1　财政拨款预算收入

（1）本科目核算单位从同级财政部门取得的与公路投资、养护相关的财政拨款。

（2）本科目按照具体公路项目进行明细核算。

（3）财政拨款预算收入的主要账务处理如下：

① 在财政直接支付方式下，单位根据收到的财政直接支付入账通知书及相关原始凭证，借记"行政支出""事业支出"科目，贷记本科目。

② 在财政授权支付方式下，单位根据收到的财政授权支付额度到账通知书，按照通知书中的授权支付额度，借记"资金结存—零余额账户用款额度"科目，贷记本科目。

③ 在其他支付方式下，单位按实际收到的金额，借记"资金结存—货币资金"科目，贷记本科目。

11.11.1.2　债务预算收入

（1）本科目核算事业单位按照规定从金融机构借入的、纳入部门预算管理的、与公路建设相关的债务收入。

（2）本科目按照贷款单位和具体公路项目进行明细核算。

（3）债务预算收入的主要账务处理如下：

① 借入各项借款时，事业单位按照实际借入的金额，借记"资金结存—货币资金"科目，贷记本科目。

② 归还借款时，事业单位按照借款本金金额，借记"债务还本支出"科目，贷记"资金结存—货币资金"科目。

11.11.1.3 非同级财政拨款预算收入

（1）本科目核算单位从非同级财政部门取得的与公路投资、养护相关的财政拨款。

（2）本科目按照具体公路项目进行明细核算。

（3）非同级财政拨款预算收入的主要账务处理如下：

取得非同级财政拨款预算收入时，单位按照实际取得的金额，借记"资金结存—货币资金"科目，贷记本科目。

11.11.1.4 行政支出

（1）本科目核算行政单位在公路建设、养护和管理中实际发生的各项现金流出。

（2）本科目应当按照"基本支出"和"项目支出"进行明细核算，并在"项目支出"明细科目下按照具体公路项目进行核算。

（3）行政支出的主要账务处理如下：

公路的前期立项费用由交通运输主管部门承担的部分，在前期费用发生时，单位按实际支付的金额，借记本科目，贷记"资金结存—货币资金"科目。

11.11.1.5 事业支出

（1）本科目核算事业单位在公路建设、养护和管理中实际发生的各项现金流出。

（2）本科目应当按照"基本支出"和"项目支出"进行明细核算，并在"项目支出"明细科目下按照具体公路项目进行核算。

（3）事业支出的主要账务处理如下：

① 在公路建设期间，发生建设支出时，事业单位按照实际支付的款项金额，借记本科目，贷记"财政拨款预算收入""资金结存"科目。

② 在发生与维护公路正常使用、保持原有通行能力相关的日常维护支出、大中修支出时，单位按照实际支付的款项金额，借记本科目，贷记"财政拨款预算收入""资金结存"科目。

③ 为增加公路资产服务潜力或经济利益或延长其使用年限而发生的改建、扩建等后续支出，单位按照实际支付的款项金额，借记本科目，贷记"财政拨款预算收入""资金结存"科目。

11.11.1.6 其他支出

（1）本科目核算事业单位实际支付的其他支出。

（2）其他支出的主要账务处理如下：

① 为接受其他会计主体移交的公路资产,单位实际支付的归属于调入方的相关费用,借记本科目,贷记"财政拨款预算收入""资金结存"科目。

② 单位按规定将公路资产管理权移交给其他会计主体,单位实际支付的归属于调出方的相关费用,借记本科目,贷记"资金结存"科目。

③ 事业单位支付银行贷款利息时,借记本科目,贷记"资金结存"科目。

11.11.1.7 资金结存

(1) 本科目核算单位纳入部门预算管理的资金的流入、流出、调整和滚存等情况。

(2) 本科目应当设置"零余额账户用款额度""货币资金""财政应返还额度"等明细科目。

(3) 资金结存的主要账务处理如下:

① 在财政授权支付方式下,单位根据收到的财政授权支付额度到账通知书,按照通知书中的授权支付额度,借记"资金结存—零余额账户用款额度"科目,贷记"财政拨款预算收入"科目;单位根据实际支付的金额,借记"行政支出""事业支出"等科目,贷记"资金结存—零余额账户用款额度"科目。

② 在其他支付方式下,单位实际收到预算收入时,借记"资金结存—货币资金"科目,贷记"财政拨款预算收入""事业预算收入"等科目。

③ 经批准从零余额账户提取现金时,借记"资金结存—货币资金"科目,贷记"资金结存—零余额账户用款额度"科目。

④ 支付公路建设、修缮等工程款项以及公路养护费用时,单位根据实际支付的款项金额,借记"行政支出""事业支出"等科目,贷记"资金结存—零余额账户用款额度""资金结存—货币资金"科目。

11.11.2 相关财务会计科目和主要账务处理

涉及公路资产核算的财务会计科目,主要包括在建工程、公共基础设施—公路资产、公共基础设施累计折旧(摊销)—公路资产、无偿调拨净资产、财政拨款收入、非同级财政拨款收入、业务活动费用等。

11.11.2.1 在建工程

(1) 本科目核算单位自行建设或出包给外单位施工的公路建设项目所发生的实际成本。

(2) 本科目应当按照具体公路建设项目进行明细核算。

(3) 在建工程的主要账务处理如下:

① 单位自行建造的公路资产,其成本包括完成批准的建设内容所发生

的全部必要支出。发生建设支出时,单位按照实际支付的款项金额,借记本科目,贷记"应付职工薪酬""工程物资""零余额账户用款额度""银行存款"等科目。

② 单位出包给外单位施工的在建工程,预付工程价款时,单位按照预付金额,借记"预付账款—预付工程款",贷记"零余额账户用款额度""银行存款"等科目;与施工企业结算工程价款时,按单位应承付的工程价款,借记本科目,按预付工程款余额,贷记"预付账款—预付工程款",按其差额,贷记"零余额账户用款额度""银行存款"等科目。

③ 单位为建造公路资产的专门借款利息,如果属于建设期间发生的,应当计入在建工程成本,借记本科目,贷记"银行存款""应付利息"科目。

④ 公路建设工程完工交付使用时,按照公路建设工程所发生的实际成本,借记"公共基础设施—公路资产",贷记本科目。

⑤ 单位为增加公路资产服务潜力或经济利益或延长其使用年限而发生的改建、扩建等,应当计入公路资产成本,调整公路资产的账面价值。

将公路资产转入改建、扩建时,按公路资产的账面价值,借记本科目,按照已计提的折旧,借记"公共基础设施累计折旧(摊销)—公路资产"科目,按照公路资产的账面余额,贷记"公共基础设施—公路资产"科目。

单位按照实际支付的改建、扩建支出,借记本科目,贷记"零余额账户用款额度""银行存款"等科目。

将改建、扩建的公路资产的一部分拆除时,按照拆除部分的账面价值,借记"待处理财产损溢",贷记本科目。

改建、扩建工程完工交付使用时,借记"公共基础设施—公路资产",贷记本科目。

11.11.2.2 公共基础设施—公路资产

(1) 本科目核算由单位承担资产管理权的公路资产。

(2) 本科目应当按照具体公路项目进行明细核算。

(3) 公共基础设施—公路资产的主要账务处理如下:

① 单位自行建设或出包给外单位施工的公路资产,按照公路资产完成批准的建设内容所实际发生的全部支出,在"在建工程"科目核算。公路资产建设完工交付使用时,按照确定的成本,借记本科目,贷记"在建工程"科目。已交付使用但尚未办理竣工财务决算手续的公路资产,按照估计价值入账,待获得经批准的竣工财务决算后再按照实际成本调整原来的暂估价值。

② 单位接受其他单位移交的公路资产,其成本按照移交方的原公路资产账面价值加上归属于调入方的相关费用确定,按照公路资产的账面价值,借记本科目,贷记"无偿调拨净资产"科目;按照归属于调入方的相关费用,借记本科目,贷记"财政拨款收入""零余额账户用款额度""银行存款"等科目。

③ 为增加公路资产使用效能或延长其使用年限而发生的改建、扩建等后续支出,应当计入公路资产成本,通过"在建工程"科目核算,完工交付使用时转入本科目。

④ 单位核算的公路资产,经批准向其他单位移交公路资产管理权时,应当按公路资产的账面价值,减少相应的公路资产价值。按照公路资产的账面价值,借记"无偿调拨净资产"科目,按照已计提的折旧,借记"公共基础设施累计折旧(摊销)——公路资产"科目,按照公路资产的账面余额,贷记本科目;按照在移交过程中所实际发生的可归属于调出方的相关费用,借记"资产处置费用"科目,贷记"银行存款"科目。

⑤ 如果存在公路资产的毁损、报废等现象,单位应当冲减公路资产的账面价值,并按规定程序报经批准、核销。在发生公路资产毁损、报废时,按照公路资产的账面价值,借记"待处理财产损溢"科目,按照已计提的折旧,借记"公共基础设施累计折旧(摊销)——公路资产"科目,按照公路资产的账面余额,贷记本科目。

11.11.2.3 公共基础设施累计折旧(摊销)——公路资产

(1) 本科目核算单位按规定计提的公路资产累计折旧。

(2) 本科目应当按照具体公路项目进行明细核算。

(3) 公共基础设施累计折旧(摊销)——公路资产的主要账务处理如下:

① 单位按月计提公路资产折旧时,按照应计提的折旧额,借记"业务活动费用"科目,贷记本科目。

② 公路资产报经批准处置时,按照所处置的公路资产的账面价值,借记"待处理财产损溢"科目,按照已计提的折旧,借记本科目,按照公路资产的账面余额,贷记"公共基础设施——公路资产"科目。

11.11.2.4 无偿调拨净资产

(1) 本科目核算单位因取得无偿调入公路资产、调出公路资产所引起的净资产变动金额。

(2) 本科目应当按照具体公路项目进行明细核算。

(3) 无偿调拨净资产的主要账务处理如下:

① 对于应当确认为公路资产但尚未入账的存量公路资产,单位在经过合理的方法确定公路资产的初始入账价值后,借记"公共基础设施—公路资产"科目,贷记本科目。

② 单位核算的公路资产,经批准向其他单位移交公路资产管理权时,应当按公路资产的账面价值,减少相应的公路资产价值,按照公路资产的账面价值,借记本科目,按照已计提的折旧,借记"公共基础设施累计折旧(摊销)—公路资产"科目,按照公路资产的账面余额,贷记"公共基础设施—公路资产"科目;按照在移交过程中所实际发生的可归属于调出方的相关费用,借记"资产处置费用"科目,贷记"银行存款"科目。

③ 单位接受其他单位移交的公路资产,其成本按照移交方的原公路资产账面价值,借记"公共基础设施—公路资产"科目,贷记本科目;按照归属于调入方的相关费用确定,借记"公共基础设施—公路资产"科目,贷记"财政拨款收入""零余额账户用款额度""银行存款"等科目。

11.11.2.5 财政拨款收入

(1)本科目核算单位从同级财政部门取得的与公路投资、养护相关的财政拨款。

(2)本科目按照具体公路项目进行明细核算。

(3)财政拨款收入的主要账务处理如下:

① 在财政直接支付方式下,单位根据收到的财政直接支付入账通知书及相关原始凭证,借记"工程物资""业务活动费用""应付职工薪酬"等科目,贷记本科目。

② 在财政授权支付方式下,单位根据收到的财政授权支付额度到账通知书,按照通知书中的授权支付额度,借记"零余额账户用款额度"科目,贷记本科目。

③ 在其他支付方式下,单位按实际收到的金额,借记"银行存款"科目,贷记本科目。

11.11.2.6 非同级财政拨款收入

(1)本科目核算单位从非同级财政部门取得的与公路投资、养护相关的财政拨款。

(2)本科目按照具体公路项目进行明细核算。

(3)非同级财政拨款收入的主要账务处理如下:

取得非同级财政拨款预算收入时,单位按照实际取得的金额,借记"银行存款"科目,贷记本科目。

11.11.2.7 业务活动费用

(1) 本科目核算单位为公路养护、管理等职能目标,依法履职或开展专业业务活动及其辅助活动中所发生的各项费用。

(2) 本科目可以按照具体公路项目进行明细核算。

(3) 业务活动费用的主要账务处理如下:

① 为开展业务活动人员计提的薪酬、福利等,单位按照计算出的金额,借记本科目,贷记"应付职工薪酬"科目。

② 为开展业务活动发生的公路日常养护、修缮等支出,单位按照实际支付的金额,借记本科目,贷记"财政拨款收入""零余额账户用款额度""银行存款"科目。

③ 对于公路资产计提的折旧,单位按照应计提的折旧额,借记本科目,贷记"公共基础设施累计折旧(摊销)—公路资产"科目。

11.12 公路资产的财务会计报告和预算会计报告

11.12.1 政府资产负债表中公路资产项目的列报

11.12.1.1 政府资产负债表中公路资产项目的报告主体

一方面,依据受托管理关系,公路管理机构应当将其编制的本单位财务报告报送至同级交通运输主管部门,交通运输主管部门据此填报政府部门财务报告中的相关项目。另一方面,依据财政预算拨款关系,各级交通运输主管部门应当将其编制的政府部门财务报告报送至同级财政部门,财政部门据此填报政府综合财务报告中的相关项目。

11.12.1.2 政府资产负债表中公路资产项目的列报形式

对于政府资产负债表中有关公路资产项目的信息采用表内列报与表外披露的方式进行报告。对于已经确认的政府公路资产应在表内进行列报;对于不符合政府资产定义,或者符合政府资产定义但不符合政府资产确认条件的公路资产,以及影响信息使用者决策的政府公路资产的其他相关信息,应在表外披露。

11.12.1.3 政府资产负债表中公路资产项目的表内列报内容

(1) 公路资产净值和公路资产在建工程

在资产负债表中,应当将公路资产的完整价值以公路资产净值(反映公路资产原值减去累计折旧后的余额)和公路资产在建工程(反映尚未完工交付使用的公路资产在建工程的实际成本)的形式,列示于"公共基础设施净值""公共基础设施在建工程"项目之下。

(2) 与公路资产对应的负债和权益

依据"资产＝负债＋所有者权益"的会计恒等关系,还应当将与公路资产相关的负债和净资产作为列报内容。易言之,公路资产的净值和公路资产在建工程的价值量之和,应当等于为筹集公路建设资金所形成的负债与公路资产所形成的净资产之和。与公路资产对应的负债和净资产主要包括"长期借款""应付长期政府债券""应付转贷款""长期应付款"以及"累计盈余"等项目。

11.12.1.4 政府资产负债表中公路资产项目的表外披露内容

为了便于财务报告使用者能够较为全面地了解公路资产的价值构成,政府财务报告主体还应在资产负债表附注中对与公路资产相关信息进行披露。具体来说,与公路资产相关信息的披露内容主要包括:

(1) 公路资产的分类、计量属性和折旧方法;

(2) 各类公路资产的折旧年限及其确定依据;

(3) 各类公路资产账面余额,累计折旧额,账面价值的期初、期末数及其本期变动情况;

(4) 各类公路资产的实物量;

(5) 公路资产在建工程的期初、期末金额及其增减变动情况;

(6) 已提足折旧继续使用的公路资产的名称、数量等情况;

(7) 暂估入账的公路资产账面价值;

(8) 公路资产毁损、报废等处置情况;

(9) 其他未在报表中列示,但对政府财务状况有重大影响的事项。

11.12.1.5 政府资产负债表中公路资产项目的表内列报格式和填报说明

1) 资产负债表(政府部门财务报表)(表11-3)相关项目的填报说明

(1) 本表相关项目反映政府部门在某一特定日期与公路资产相关的资产、负债和净资产情况。

(2) 本表"期初余额"栏内各项数字,应根据上期期末资产负债表"期末余额"栏内数字填列。如果本期资产负债表规定的各个项目的名称和内容同上期不相一致,应对上期期末资产负债表各项目的名称和数字按照本期的规定进行调整,填入本表"期初余额"栏内。

(3) 本表"期末余额"栏相关项目的内容和填列方法：

① 资产类项目

"公路资产净值"项目，反映公路资产原值减去累计折旧后的余额。本项目应当根据"公共基础设施—公路资产"科目期末余额减去"公共基础设施—公路资产—累计折旧"科目期末余额后的金额填列。

"公路资产在建工程"项目，反映尚未完工交付使用公路资产在建工程的实际成本。本项目应当根据"在建工程—公路资产"科目的期末余额填列。

② 负债类项目

"长期借款"项目，反映与公路资产相关的、尚未偿还的银行借款余额；数据来源于"长期借款"科目。

"长期应付款"项目，反映与公路资产相关的、尚未偿还的其他长期应付款项的余额。本项目应当根据"长期应付款"科目的期末余额填列。

③ 净资产类项目

"累计盈余"项目，反映与公路资产相关的净资产余额。本项目应当根据"累计盈余"科目的期末余额填列。

表 11-3　资产负债表（政府部门财务报表）

编制单位：　　　　　　　　　　年　　　月　　　日　　　　　　单位：元

项　　　目	期初余额	期末余额
流动资产		
……		
非流动资产		
……		
公共基础设施净值		
公路资产净值		
公共基础设施在建工程		
公路资产在建工程		
……		
受托代理资产		
资产合计		

续表

项　　目	期初余额	期末余额
流动负债		
……		
非流动负债		
……		
长期借款		
长期应付款		
……		
受托代理负债		
负债合计		
……		
累计盈余		
净资产合计		
负债及净资产合计		

2) 资产负债表(政府综合财务报表)(表11-4)相关项目的填报说明

(1) 本表相关项目反映政府整体在某一特定日期与公路资产相关的资产、负债和净资产情况。

(2) 本表"期初余额"栏内各项数字,应根据上期期末资产负债表"期末余额"栏内数字填列。如果本期资产负债表规定的各个项目的名称和内容同上期不相一致,应对上期期末资产负债表各项目的名称和数字按照本期的规定进行调整,填入本表"期初余额"栏内。

(3) 本表"期末余额"栏相关项目的内容和填列方法:

① 资产类项目

对于"公路资产净值""公路资产在建工程""长期借款""长期应付款"项目可以依据政府部门财务报表中的相关数据填列。

② 负债类项目

"长期借款""长期应付款"项目可以依据政府部门财务报表中的相关数据填列。

"应付长期政府债券"项目,反映政府财政为筹集公路建设资金而以政府名义发行的期限超过1年的地方政府债券;该项目由财政部门填报,数据来源于"应付长期政府债券"科目。

"应付转贷款"项目,反映政府财政期末承担的偿还期限超过一年的地方政府债券转贷款的本金金额;该项目由财政部门填报,数据来源于"应付转贷款"科目。

③ 净资产类项目

"累计盈余"项目,反映与公路资产相关的净资产余额;该项目根据"与公路相关资产减去与公路相关负债的差额"填列。

表 11-4 资产负债表(政府综合财务报表)

编制单位：　　　　　　　　年　　月　　日　　　　　　单位：元

项目	期初余额	期末余额
流动资产		
……		
非流动资产		
……		
公共基础设施净值		
公路资产净值		
公共基础设施在建工程		
公路资产在建工程		
……		
受托代理资产		
资产合计		
流动负债		
……		
非流动负债		
……		
长期借款		
应付长期政府债券		
应付转贷款		
长期应付款		

续表

项目	期初余额	期末余额
……		
受托代理负债		
负债合计		
……		
累计盈余		
净资产合计		
负债及净资产合计		

11.12.2 决算报告中公路资产相关资金项目的列报

11.12.2.1 决算报告中公路资产相关资金项目的报告主体

决算报告中公路资产相关资金项目的报告主体与政府资产负债表中公路资产项目的报告主体基本一致。各级公路管理机构负责填报决算报告中与公路资产相关的资金项目，各级交通主管部门和财政部门负责汇总编制本级决算报告。

11.12.2.2 决算报告中公路资产相关资金项目的列报形式

对于决算报告中有关公路资产相关资金项目的信息采用表内列报与表外披露的方式进行报告。

11.12.2.3 决算报告中公路资产相关资金项目的表内列报内容

（1）与公路资产相关的收入项目

在收入决算报表中，应当将与公路资产相关的收入项目进行列报，主要包括财政拨款预算收入、事业预算收入、债务预算收入、其他预算收入等项目。

（2）与公路资产相关的支出项目

在支出决算报表中，应当将与公路资产相关的支出项目进行列报，主要包括基本支出和项目支出两大类，具体又分为公路改建、公路养护、公路路政管理、公路还贷专项、车辆购置税用于公路建设支出、车辆通行费及对应专项债务收入安排的支出等。

11.12.2.4 决算报告中公路资产相关资金项目的表外披露内容

为了全面反映公路资产相关资金的收入与支出情况，除在表内披露的与公路资产相关的资金项目外，还应当在决算报告中以文字形式对重要的收入、支出项目进行说明。具体来说，公路资产相关资金的表外披露内容主要包括：

（1）公路资产相关资金收支变化较大的项目及其变动的原因；

（2）本年度公路资产建设项目的收支情况；

（3）其他未在报告中列示但对决算报告有重大影响的事项。

11.12.2.5 决算报告中公路资产相关资金项目的表内列报格式与填报说明

1）收入决算表（表11-5）中公路资产相关资金项目的填报说明

（1）本表相关项目反映政府部门在某一特定日期与公路资产相关的资金收入情况。

（2）本表列报的公路资产相关资金的收入项目包括："财政拨款预算收入""事业预算收入""债务预算收入""其他预算收入"等收入项目，以及将各类预算收入具体分为"公路运输""车辆购置税支出""车辆通行费及对应专项债务收入安排的支出"等。

（3）本表中公路资产相关资金项目的内容和填列方法：

①"财政拨款预算收入"项目，反映单位本期从本级财政部门取得的各类财政拨款，包括单位本年度收到的与公路资产相关的财政拨款。该项目根据"财政拨款预算收入"科目中的明细数据分析填列。

②"事业预算收入"项目，反映事业单位本期开展专业业务活动及其辅助活动取得的收入，包括事业单位收到财政专户返还的收入。该项目根据"事业预算收入"科目中的明细数据分析填列。

③"债务预算收入"项目，反映单位本期按照规定从金融机构借入的、纳入部门预算管理的债务收入，包括单位为建设公路资产而从金融机构借入的债务。该项目根据"债务预算收入"科目中的明细数据分析填列。

④"其他预算收入"项目，反映单位本期取得的其他与公路相关的预算收入。该项目根据"其他预算收入"科目中的明细数据分析填列。

（4）本表中公路资产相关资金项目的数据来源与填报流程是：首先，由公路管理机构依据账务中"财政拨款预算收入""事业预算收入""债务预算收入""其他预算收入"等相关明细科目的数据分析填列；其次，由交通运输主管部门依据公路管理机构报送的决算报表以及账务中"财政拨款预算收入""债务预算收入""其他预算收入"等相关明细科目的数据分析填列。

表 11 - 5 收入决算表

编制单位： _____年 单位：元

项 目	财政拨款预算收入	事业预算收入	债务预算收入	……	其他预算收入	本年收入合计
一、公路运输						
……						
公路改建						
公路养护						
公路路政管理						
公路还贷专项						
……						
二、车辆购置税支出						
车辆购置税用于公路建设						
……						
三、车辆通行费及对应专项债务收入安排的支出						
公路还贷						
政府还贷公路管理						
其他车辆通行费及对应专项债务收入安排的支出						
……						

2) 支出决算表(表 11 - 6)中公路资产相关资金项目的填报说明

(1) 本表相关项目反映政府部门在某一特定日期与公路资产相关的资金支出情况。

(2) 本表列报的与公路资产相关的资金支出项目包括：在"基本支出"和"项目支出"中，实际用于"公路运输""车辆购置税支出""车辆通行费及对应专项债务收入安排的支出"等方面的具体支出。

(3) 本表中公路资产相关资金项目的内容和填列方法：

①"基本支出"项目，反映单位本期发生的与公路资产相关的行政运行、管理和服务等维持单位基本运作的支出。

②"项目支出"项目，反映单位本期用于公路改建、日常养护、路政管理、

公路还贷、车辆购置税用于公路建设、车辆通行费及对应专项债务收入等发生的支出等。

（4）本表中公路资产相关资金项目的数据来源与填报流程是：首先，由公路管理机构依据账务中"事业支出"相关明细科目的数据分析填列；其次，由交通运输主管部门依据公路管理机构报送的决算报表以及账务中"行政支出"相关明细科目的数据分析填列。

表 11-6　支出决算表

编制单位：　　　　　　　　　　　　　年　　　　　　　　　　　单位：元

项　　目	基本支出	项目支出	本年支出合计
一、公路运输			
……			
公路改建			
公路养护			
公路路政管理			
公路还贷专项			
……			
二、车辆购置税支出			
车辆购置税用于公路建设			
……			
三、车辆通行费及对应专项债务收入安排的支出			
公路还贷			
政府还贷公路管理			
其他车辆通行费及对应专项债务收入安排的支出			
……			

11.12.3　政府资产负债表和决算报表的编制与汇总

《政府会计准则——基本准则》第五条指出："政府会计主体应当编制决算报告和财务报告。"事实上，政府资产负债表是政府财务报告中的报表，收入决算表和支出决算表是决算报告的组成部分。政府资产负债表和决算报表中与公路资产相关项目的编制与汇总问题，实质上就是政府财务报告和决算报告的编制与汇总问题。

政府财务报告和决算报告的编制与汇总程序如下：

(1) 县(区)层面的政府财务报告和决算报告的编制与汇总

首先，由县(区)公路管理机构编制本单位的财务报告和决算报告，并将相关报告报送至县(区)交通运输局；然后，县(区)交通运输局将公路管理机构报送的财务报告、决算报告与本单位的财务报告、决算报告进行汇总、合并、抵消，形成县(区)层面的政府部门财务报告和部门决算报告，并将相关报告报送至同级财政部门。其次，县(区)财政部门根据县(区)交通运输局报送的政府部门财务报告和部门决算报告，作为县(区)层面政府综合财务报告和决算报告中相关项目的填报基础。

(2) 市级层面的政府财务报告和决算报告的编制与汇总

首先，由市级公路管理机构编制本单位的财务报告和决算报告，并将相关报告报送至市级交通运输局；然后，市级交通运输局将公路管理机构报送的财务报告、决算报告与本单位的财务报告、决算报告进行汇总、合并、抵消，形成市级层面的政府部门财务报告和部门决算报告，并将相关报告报送至同级财政部门。其次，市级财政部门根据市级交通运输局报送的政府部门财务报告和部门决算报告，作为市级层面政府综合财务报告和决算报告中相关项目的填报基础。

(3) 省级层面的政府财务报告和决算报告的编制与汇总

首先，由厅公路局、省高管局编制本单位的财务报告和决算报告，并将相关报告报送至省交通运输厅；然后，省交通运输厅将厅公路局、省高管局报送的财务报告、决算报告与本单位的财务报告、决算报告进行汇总、合并、抵消，形成省级层面的政府部门财务报告和部门决算报告，并将相关报告报送至省级财政部门。其次，省级财政部门根据省交通运输厅报送的政府部门财务报告和部门决算报告，作为省级层面政府综合财务报告和决算报告中相关项目的填报基础。

特别的，对于"省直管县"的县级财政部门，由县级财政部门直接将县级层面的政府综合财务报告、决算报告报送至省级财政部门。

根据上述分析，政府财务报告和决算报告的编制与汇总程序，如图11-2所示。

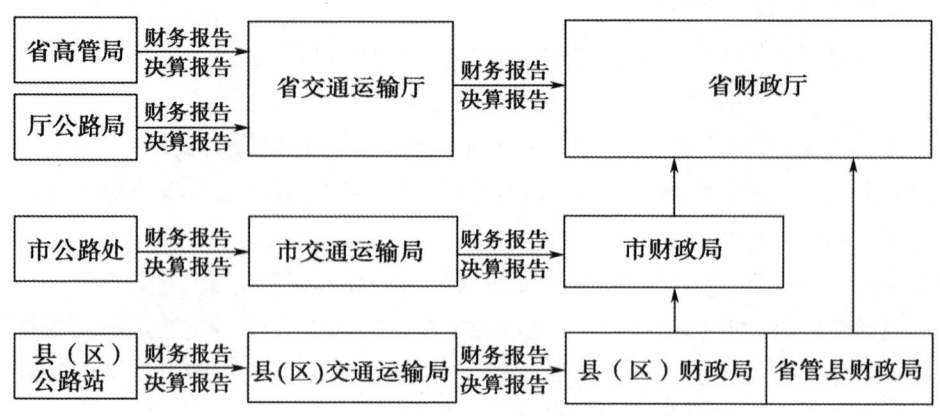

图 11-2 政府财务报告和决算报告的编制与汇总程序

11.13 公路资产的实物报告

11.13.1 公路资产实物报告的报告主体

公路资产实物报告实际上是行业资产报告,应当按照公路行业管理体制的层级关系进行编制与汇总。各级公路管理机构应根据本单位所管理的公路资产,编制公路资产实物报告,同时,还要将其报送至同级交通运输主管部门。省级交通运输主管部门负责汇总编制省级层面的公路资产实物报告。

11.13.2 公路资产实物报告的列报内容

为了便于行业管理者和其他报告使用者能够获取公路资产的相关详细信息,公路资产实物报告应当包括:

(1) 公路资产、公路资产折旧费用、公路资产在建工程、公路资产养护费用等价值量信息。

(2) 公路资产拥有量等价值量和物理量信息。

11.13.3 公路资产实物报告的列报格式和列报说明

公路资产实物报告包括公路资产明细表、公路资产折旧费用明细表、公路资产在建工程明细表、公路资产养护费用明细表以及公路资产拥有量明细表,上述报表由各级公路管理机构及交通运输主管部门按年度填报。

11.13.3.1 公路资产明细表(表 11-7)的列报说明

(1) 本表反映按照提供的服务功能来划分的公路资产的资产原值、累计折旧和资产净值。其中,"公路构筑物设施"项目又包括"路面""路基""桥梁"

"隧道""涵洞"和"其他";"安全设施"项目又包括"护栏""交通指示线""交通灯""交通指示牌"和"其他";"环境保护设施"项目又包括"道路绿化""噪声屏障""隔声窗"和"其他"。

（2）本表需要列报各个报表项目的资产原值、累计折旧、资产净值的期初余额和期末余额，其中：资产净值由资产原值减去累计折旧之后的余额确定。

表 11-7　公路资产明细表

编制单位：　　　　　　　　　　　　年　　月　　日　　　　　单位：元

项　目	期初数			期末数		
	资产原值	累计折旧	资产净值	资产原值	累计折旧	资产净值
一、公路构筑物设施						
其中：路面						
路基						
桥梁						
隧道						
涵洞						
其他						
二、安全设施						
其中：护栏						
交通指示线						
交通灯						
交通指示牌						
其他						
三、收费设施						
四、监控设施						
五、环境保护设施						
其中：道路绿化						
噪声屏障						
隔声窗						
其他						
六、其他						
合　计						

11.13.3.2 公路资产折旧费用明细表(表 11-8)的列报说明

(1) 本表反映按照提供的服务功能来划分的公路资产的折旧计提情况。

(2) 本表需要列报各个报表项目的上年末累计折旧额、本年计提折旧额和本年末累计折旧额。

表 11-8　公路资产折旧费用明细表

编制单位：　　　　　　　　　　　年　　　　　　　　　　单位：元

项　　目	上年末累计折旧额	本年计提折旧额	本年末累计折旧额
一、公路构筑物设施			
二、安全设施			
三、收费设施			
四、监控设施			
五、环境保护设施			
六、其他			
合　　计			

11.13.3.3 公路资产在建工程明细表(表 11-9)的列报说明

(1) 本表反映按照提供的服务功能来划分的公路资产修缮工程、改扩建工程、新建工程等三类项目，从工程的性质与工程所属交通基础设施提供服务的功能两个维度反映政府交通基础设施的在建工程情况。其中，在每类项目下又具体包括"公路构筑物设施""安全设施""收费设施""监控设施""环境保护设施""其他"六项内容。

(2) 本表需要列报各个报表项目的期初余额、本期发生额和期末余额。

表 11-9　公路资产在建工程明细表

编制单位：　　　　　　　　　　　年　　　　　　　　　　单位：元

项　　目	期初余额	本期发生额	期末余额
一、修缮工程			
（一）公路构筑物设施			
（二）安全设施			
（三）收费设施			
（四）监控设施			

续表

项　　目	期初余额	本期发生额	期末余额
（五）环境保护设施			
（六）其他			
二、改扩建工程			
（一）公路构筑物设施			
（二）安全设施			
（三）收费设施			
（四）监控设施			
（五）环境保护设施			
（六）其他			
三、新建工程			
（一）公路构筑物设施			
（二）安全设施			
（三）收费设施			
（四）监控设施			
（五）环境保护设施			
（六）其他			
合　　计			

11.13.3.4 公路资产养护费用明细表（表11-10）的列报说明

（1）本表反映公路资产养护费用的上年发生额和本年发生额，具体包括"公路构筑物设施""安全设施""收费设施""监控设施""环境保护设施""其他"六项内容。

（2）本表需要列报各个报表项目的上年发生额和本年发生额。

表11-10　公路资产养护费用明细表

编制单位：　　　　　　　　　　　　年　　　　　　　　　　　　单位：元

项　　目	上年发生额	本年发生额
一、公路构筑物设施		
二、安全设施		

续表

项　　目	上年发生额	本年发生额
三、收费设施		
四、监控设施		
五、环境保护设施		
六、其他		
合　　计		

11.13.3.5 公路资产拥有量明细表（表 11－11）的列报说明

（1）本表既反映了公路资产的价值量信息，也反映了公路资产的物理量信息，包括"公路里程与价值""公路构造物"和"收费公路"等三大类项目。其中，"公路里程与价值"包括"高速公路""一级公路""二级公路""三级公路""四级公路""等外公路"等项目的里程数以及价值；"公路构造物"包括"公路桥梁数量""公路桥梁长度""涵洞数量""公路隧道数量""公路隧道长度"等量化指标，以及各项目的价值；"收费公路"包括"收费公路里程""收费桥梁数量""收费隧道数量"等项目的量化指标，以及各项目的价值。

（2）本表需要列报各个报表项目的实物量指标和价值量指标的期初数和期末数。

表 11－11　公路资产拥有量明细表

编制单位：＿＿＿＿＿＿　　　＿＿＿年＿＿＿月＿＿＿日

项　　目	期初数		期末数	
	实物量指标	价值量指标	实物量指标	价值量指标
一、公路里程与价值				
其中：高速公路				
一级公路				
二级公路				
三级公路				
四级公路				
等外公路				
二、公路构造物				
公路桥梁数量（座）				

续表

项　目	期初数		期末数	
	实物量指标	价值量指标	实物量指标	价值量指标
公路桥梁长度(m)				
涵洞数量(道)				
公路隧道数量(处)				
公路隧道长度(m)				
三、收费公路				
收费公路里程(km)				
收费桥梁数量(座)				
收费隧道数量(处)				

11.13.4 公路资产实物报告的编制与汇总

公路资产实物报告实际上是行业资产报告,应当按照公路行业管理体制的层级关系进行编制与汇总。其具体的编制与汇总路线如下:

第一步,由县(区)公路管理机构根据本单位所管理的公路资产编制公路资产实物报告。同时,县(区)公路管理机构应当将公路资产实物报告报送至同级交通运输主管部门和市级公路管理部门。

第二步,市级公路管理部门根据本单位所管理的公路资产,以及各县(区)公路管理部门报送的公路资产实物报告,汇总编制公路资产实物报告。同时,市级公路管理部门应当将公路资产实物报告报送至同级交通运输主管部门和厅公路局。

第三步,厅公路局根据本单位所管理的公路资产,以及各市级公路管理部门报送的公路资产实物报告,汇总编制公路资产实物报告,并报送至省交通运输主管部门;省高速公路管理局根据本单位所管理的公路资产,编制公路资产实物报告,并报送至省交通运输主管部门。

第四步,省交通运输主管部门根据厅公路局、省高速公路管理局报送的公路资产实物报告,汇总编制省级层面的公路资产实物报告。

公路资产实物报告的编制与汇总程序,具体如图11-3所示。

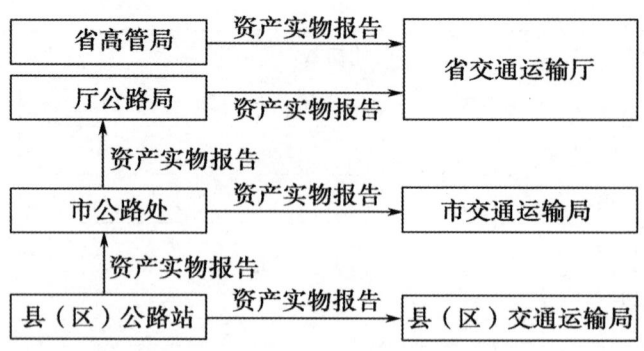

图 11‑3 公路资产实物报告的编制与汇总

参 考 文 献

[1] Anthony Chen, Kitti Subprasom. Analysis of Regulation and Policy of Private Toll Roads in a Build-Operate-Transfer Scheme under Demand Uncertainty [J]. Transportation Research, 2007, 41(6): 537-558.

[2] Antonio L, Lara Galera, Antonio Sánchez Soliño. A Real Options Approach for the Valuation of Highway Concessions [J]. Transportation Science, 2010, 44(3): 416-427.

[3] Brown A. Reporting Issues Challenging the National Roads Authority of Papua New Guinea: The Case for Using Local Indigenous Mechanisms [J]. Public Money & Management, 2016, 36(2): 97-103.

[4] Cechet B. Climate Change Impact on the Pavement Maintenance and Rehabilitation Costs associated with the Australian National Highway Network[C]. International Congress on Modeling and Simulation: Advances and Applications for Management and Decision Making, 2005: 489-496.

[5] Christiaens J, Rommel J, Barton A, et al. Should All Capital Goods of Governments Be Recognized as Assets in Financial Accounting? [J]. Baltic Journal of Management, 2012, 7(4): 429-443.

[6] Elhawary H M A, West B. All for Nothing? Accounting for Land under Roads by Australian Local Governments [J]. Australian Accounting Review, 2015, 25(1): 38-44.

[7] Gustavo Nombela. Flexible-Term Contracts for Road Franchising [J]. Transportation Research, 2004, 38: 163-179.

[8] Howard R J. Infrastructure Asset Management under Australian Accounting Standard 27 (AAS27)[J]. Proceedings of the Institution of Civil Engineers-Municipal Engineer, 2001, 145(4): 305-310.

[9] Jyh-Fa Tsai, Chih-Peng Chu. The Analysis of Regulation on Private Highway Investment under a Build-Operate-Transfer Scheme [J]. Transportation Research, 2003,

30(2):221-243.

[10] Jose Holguin-Veras, Mecit Cetin, Shuwen Xia. A Comparative Analysis of US Toll Policy [J]. Transportation Research, 2006, 40(10):852-871.

[11] Kathryn Trewavas, Nives Botica Redmayne, Fawzi Laswad. The Impact of IFRS Adoption on Public Sector Financial Statements [J]. Australian Accounting Review, 2012, 22:86-102.

[12] Lee Moermana, Sandra van der Laan. Accounting for Long-Tail Asbestos Liabilities: Metaphor and Meaning [J]. Accounting Forum, 2011, 35:11-18.

[13] Maze T H, Smadi O. GASB Statement 34—The On-ramp to Transportation Asset Management, or a Detour Leading to Business as Usual? [J]. Transportation Quarterly, 2003,57(4):23-29.

[14] Mccartney S, Stittle J. Accounting for Producer Needs: The Case of Britain's Rail Infrastructure [J]. Accounting Forum, 2015,39(2):109-120.

[15] Naulin J P, Payrastre O, Gaume E. Spatially Distributed Flood Forecasting in Flash Flood Prone Areas: Application to Road Network Supervision in Southern France [J]. Journal of Hydrology, 2013,486:88-99.

[16] Park S, Park S I, Lee S. Strategy on Sustainable Infrastructure Asset Management: Focus on Korea's Future Policy Directivity [J]. Renewable & Sustainable Energy Reviews, 2016,62:710-722.

[17] Ray D, Ing L Y. Addressing Indonesia's Infrastructure Deficit [J]. Bulletin of Indonesian Economic Studies, 2016,52(1):1-25.

[18] Ren-Jye Dzeng, Wei-Chih Wang. Automatic Schedule Integration for Highway Projects[J]. Automation in Construction, 2003, 12(4):447-461.

[19] Walker R G, Jones S. Reporting on Infrastructure in Australia: Practices and Management Preferences [J]. A Journal of Accounting, Finance and Business Studies, 2012, 48(3):387-413.

[20] Stafford A, Acerete B, Stapleton P. Making Concessions: Political, Commercial and Regulatory Tensions in Accounting for European Roads PPPs [J]. Accounting and Business Research, 2010,40(5):473-493.

[21] Vermeer T E, Patton T K, Styles A K. Reporting of General Infrastructure Assets under GASB Statement No. 34[J]. Accounting Horizons, 2011,25(2):381-407.

[22] Walker R G, Jones S. Reporting on Infrastructure in Australia: Practices and Management Preferences [J]. Abacus-a Journal of Accounting Finance and Business Studies, 2012,48(3):387-413.

[23] Wooldridge S C, Garvin M J, Miller J B. Effects of Accounting and Budgeting

on Capital Allocation for Infrastructure Projects[J]. Journal of Management in Engineering，2001，17(2)：86-94.

[24] 崔强，崔彧焕. 公共基础设施会计核算的思考与建议[J]. 预算管理与会计，2016(6)：34-36.

[25] 傅哲祥，李媛. 浅议高速公路大修费用的会计处理[J]. 财务与会计，2010(6)：33-34.

[26] 顾玉萍. 权责发生制下政府交通基础设施类资产会计核算[J]. 财会通讯，2015(25)：70-73.

[27] 胡晓丹. 论公路资产的评估模式及价值维护[J]. 公路交通科技(应用技术版)，2012(10)：216-218.

[28] 荆新，何淼. 政府公共基础设施会计计量与报告研究[J]. 会计与经济研究，2015(4)：10-17.

[29] 李婧，卢凤娟. 公共基础设施会计实施难点及解决途径[J]. 商业经济，2015(11)：117-119.

[30] 李婷婷. 美国公路资产管理对我国的启发探讨[J]. 建筑经济，2009(4)：33-35.

[31] 刘晓燕. 完善经营高速公路资产折旧方法的探讨[J]. 河南社会科学，2013(4)：103-104.

[32] 卢毅，李庆瑞，黄建华，等. 构建高速公路国有资产管理体系的探讨[J]. 长沙理工大学学报(社会科学版)，2008(1)：26-29.

[33] 罗增芬. 新会计制度下公共基础设施资产的管理探讨[J]. 当代会计，2015(11)：59-60.

[34] 乜宝玲，洪帆，胡焱鑫，等. 公共基础设施在政府综合财务报告中如何列报[J]. 预算管理与会计，2012(12)：33-37.

[35] 庞文群. 谈政府会计改革中公共基础设施核算的难点——以公路基础设施为例[J]. 财会月刊，2016(7)：43-47.

[36] 饶红安，周卫民，毛斌益. 政府公路资产核算管理问题和建议[J]. 行政事业资产与财务，2016(28)：10-11.

[37] 宋彦，张纯，刘志丹，等. 美国公共基础设施实施保障的经验及借鉴——深圳南山区案例的评估与反思[J]. 国际城市规划，2014(3)：97-102.

[38] 苏力. 公共基础设施的会计核算探讨——基于美国政府会计准则的应用[J]. 财政监督，2016(10)：88-90.

[39] 王喜根. 浅议公路事业单位会计核算[J]. 山西财经大学学报，2010(S2)：226.

[40] 王彦，王建英，赵西卜，等. 政府固定资产核算问题研究[J]. 预算管理与会计，2014(4)：46-51.

[41] 王彦,王建英,赵西卜,等.政府固定资产核算报告编制相关问题的研究(下)[J].预算管理与会计,2013(6):7-12.

[42] 卫静.企业管理政府还贷公路资产折旧问题探析[J].会计之友,2013(30):112-114.

[43] 吴俊利.关于公路交通基础设施资产确认、计量与报告相关问题的探讨[J].交通财会,2016(10):16-18.

[44] 谢云天,任立英.对公共基础设施专项清产核资及相应会计处理的探讨[J].中国注册会计师,2014(11):99-102.

[45] 徐芳,刘国庆.政府收费还贷高速公路财务管理与会计核算探讨[J].交通财会,2011(1):26-32.

[46] 徐海成.公路资产的特征与评估[J].西安公路交通大学学报,1995(1):50-54.

[47] 姚以贤.公共基础设施会计核算初探[J].新会计,2014(5):33-34,39.

[48] 张永群.高速公路固定资产折旧方法的研究[J].会计师,2013(2):54-55.

[49] 周国光.西方国家收费公路公司会计政策实证分析[J].交通财会,2010(3):4-9.

[50] 周国光.收费公路资产会计确认问题研究[J].交通财会,2013(1):14-19.

[51] 周国光.中国公路投融资体制改革探索[J].经济问题探索,2009(6):25-29.

[52] 周国光.《企业会计准则解释第2号》对公路经营资产确认及其会计核算的影响及其建议[J].交通财会,2009(3):82-87.

[53] 周国光.公路事业单位财会改革的基本思路[J].交通财会,2007(1):4-8.

[54] 周国光.影响公路事业发展的4个经济理论问题[J].长安大学学报(社会科学版),2015(6):33-37.

[55] 周国光.中国公路发展与投融资体制改革[J].交通财会,2006(4):24-31.

[56] 周国光.进一步规范基本建设财务管理的政策思考[J].交通财会,2013(7):5-9.

[57] 周国光,俸芳.完善地方政府融资平台公司管理体制刍议[J].会计之友,2007(7):67-68.

[58] 周国光,俸芳.公路建设特许经营与非国有资本利用研究[J].中国公路学报,2008(5):106-111.

[59] 周莉莉.浅析高速公路经营企业公路资产的核算[J].交通财会,2008(3):41-42.

[60] 周琬,杜正艾.建立健全财权、财力与事权相匹配的机制[J].行政论坛,2011(5):38-43.

附件：关于印发《政府会计准则第 5 号——公共基础设施》的通知

财会〔2017〕11 号

党中央有关部门，国务院各部委、各直属机构，全国人大常委会办公厅，全国政协办公厅，高法院，高检院，各民主党派中央，各有关人民团体，各省、自治区、直辖市、计划单列市财政厅（局），新疆生产建设兵团财务局：

为了适应权责发生制政府综合财务报告制度改革需要，规范政府公共基础设施的会计核算，提高会计信息质量，根据《政府会计准则——基本准则》，我部制定了《政府会计准则第 5 号——公共基础设施》，现予印发，自 2018 年 1 月 1 日起施行。实施范围另行通知。

执行中有何问题，请及时反馈我部。

财政部
2017 年 4 月 17 日

第一章 总则

第一条 为了规范公共基础设施的确认、计量和相关信息的披露，根据《政府会计准则——基本准则》，制定本准则。

第二条 本准则所称公共基础设施，是指政府会计主体为满足社会公共需求而控制的，同时具有以下特征的有形资产：

（一）是一个有形资产系统或网络的组成部分；

（二）具有特定用途；

（三）一般不可移动。

公共基础设施主要包括市政基础设施（如城市道路、桥梁、隧道、公交场站、路灯、广场、公园绿地、室外公共健身器材，以及环卫、排水、供水、供电、供气、供热、污水处理、垃圾处理系统等）、交通基础设施（如公路、航道、港口等）、水利基础设施（如大坝、堤防、水闸、泵站、渠道等）和其他公共基础设施。

第三条 下列各项适用于其他相关政府会计准则：

（一）独立于公共基础设施、不构成公共基础设施使用不可缺少组成部分的管理维护用房屋建筑物、设备、车辆等，适用《政府会计准则第3号——固定资产》。

（二）属于文物文化资产的公共基础设施，适用其他相关政府会计准则。

（三）采用政府和社会资本合作模式（即PPP模式）形成的公共基础设施的确认和初始计量，适用其他相关政府会计准则。

第二章 公共基础设施的确认

第四条 通常情况下，符合本准则第五条规定的公共基础设施，应当由按规定对其负有管理维护职责的政府会计主体予以确认。

多个政府会计主体共同管理维护的公共基础设施，应当由对该资产负有主要管理维护职责或者承担后续主要支出责任的政府会计主体予以确认。分为多个组成部分由不同政府会计主体分别管理维护的公共基础设施，应当由各个政府会计主体分别对其负责管理维护的公共基础设施的相应部分予以确认。负有管理维护公共基础设施职责的政府会计主体通过政府购买服务方式委托企业或其他会计主体代为管理维护公共基础设施的，该公共基础设施应当由委托方予以确认。

第五条 公共基础设施同时满足下列条件的，应当予以确认：

（一）与该公共基础设施相关的服务潜力很可能实现或者经济利益很可能流入政府会计主体；

（二）该公共基础设施的成本或者价值能够可靠地计量。

第六条 通常情况下，对于自建或外购的公共基础设施，政府会计主体应当在该项公共基础设施验收合格并交付使用时确认；对于无偿调入、接受捐赠的公共基础设施，政府会计主体应当在开始承担该项公共基础设施管理维护职责时确认。

第七条 政府会计主体应当根据公共基础设施提供公共产品或服务的性质或功能特征对其进行分类确认。

公共基础设施的各组成部分具有不同使用年限或者以不同方式提供公

共产品或服务，适用不同折旧率或折旧方法且可以分别确定各自原价的，应当分别将各组成部分确认为该类公共基础设施的一个单项公共基础设施。

第八条　政府会计主体在购建公共基础设施时，能够分清购建成本中的构筑物部分与土地使用权部分的，应当将其中的构筑部分和土地使用权部分分别确认为公共基础设施；不能分清购建成本中的构筑物部分与土地使用权部分的，应当整体确认为公共基础设施。

第九条　公共基础设施在使用过程中发生的后续支出，符合本准则第五条规定的确认条件的，应当计入公共基础设施成本；不符合本准则第五条规定的确认条件的，应当在发生时计入当期费用。

通常情况下，为增加公共基础设施使用效能或延长其使用年限而发生的改建、扩建等后续支出，应当计入公共基础设施成本；为维护公共基础设施的正常使用而发生的日常维修、养护等后续支出，应当计入当期费用。

第三章　公共基础设施的初始计量

第十条　公共基础设施在取得时应当按照成本进行初始计量。

第十一条　政府会计主体自行建造的公共基础设施，其成本包括完成批准的建设内容所发生的全部必要支出，包括建筑安装工程投资支出、设备投资支出、待摊投资支出和其他投资支出。

在原有公共基础设施基础上进行改建、扩建等建造活动后的公共基础设施，其成本按照原公共基础设施账面价值加上改建、扩建等建造活动发生的支出，再扣除公共基础设施被替换部分的账面价值后的金额确定。

为建造公共基础设施借入的专门借款的利息，属于建设期间发生的，计入该公共基础设施在建工程成本；不属于建设期间发生的，计入当期费用。

已交付使用但尚未办理竣工决算手续的公共基础设施，应当按照估计价值入账，待办理竣工决算后再按照实际成本调整原来的暂估价值。

第十二条　政府会计主体接受其他会计主体无偿调入的公共基础设施，其成本按照该项公共基础设施在调出方的账面价值加上归属于调入方的相关费用确定。

第十三条　政府会计主体接受捐赠的公共基础设施，其成本按照有关凭据注明的金额加上相关费用确定；没有相关凭据可供取得，但按规定经过资产评估的，其成本按照评估价值加上相关费用确定；没有相关凭据可供取得、也未经资产评估的，其成本比照同类或类似资产的市场价格加上相关费用确定。

如受赠的系旧的公共基础设施,在确定其初始入账成本时应当考虑该项资产的新旧程度。

第十四条　政府会计主体外购的公共基础设施,其成本包括购买价款、相关税费以及公共基础设施交付使用前所发生的可归属于该项资产的运输费、装卸费、安装费和专业人员服务费等。

第十五条　对于包括不同组成部分的公共基础设施,其只有总成本、没有单项组成部分成本的,政府会计主体可以按照各单项组成部分同类或类似资产的成本或市场价格比例对总成本进行分配,分别确定公共基础设施中各单项组成部分的成本。

第四章　公共基础设施的后续计量

第一节　公共基础设施的折旧或摊销

第十六条　政府会计主体应当对公共基础设施计提折旧,但政府会计主体持续进行良好的维护使得其性能得到永久维持的公共基础设施和确认为公共基础设施的单独计价入账的土地使用权除外。

公共基础设施应计提的折旧总额为其成本,计提公共基础设施折旧时不考虑预计净残值。

政府会计主体应当对暂估入账的公共基础设施计提折旧,实际成本确定后不需调整原已计提的折旧额。

第十七条　政府会计主体应当根据公共基础设施的性质和使用情况,合理确定公共基础设施的折旧年限。

政府会计主体确定公共基础设施折旧年限,应当考虑下列因素:

(一)设计使用年限或设计基准期;

(二)预计实现服务潜力或提供经济利益的期限;

(三)预计有形损耗和无形损耗;

(四)法律或者类似规定对资产使用的限制。

公共基础设施的折旧年限一经确定,不得随意变更,但符合本准则第二十条规定的除外。

对于政府会计主体接受无偿调入、捐赠的公共基础设施,应当考虑该项资产的新旧程度,按照其尚可使用的年限计提折旧。

第十八条　政府会计主体一般应当采用年限平均法或者工作量法计提公共基础设施折旧。

在确定公共基础设施的折旧方法时,应当考虑与公共基础设施相关的服务潜力或经济利益的预期实现方式。

公共基础设施折旧方法一经确定,不得随意变更。

第十九条　公共基础设施应当按月计提折旧,并计入当期费用。当月增加的公共基础设施,当月开始计提折旧;当月减少的公共基础设施,当月不再计提折旧。

第二十条　处于改建、扩建等建造活动期间的公共基础设施,应当暂停计提折旧。

因改建、扩建等原因而延长公共基础设施使用年限的,应当按照重新确定的公共基础设施的成本和重新确定的折旧年限计算折旧额,不需调整原已计提的折旧额。

第二十一条　公共基础设施提足折旧后,无论能否继续使用,均不再计提折旧;已提足折旧的公共基础设施,可以继续使用的,应当继续使用,并规范实物管理。

提前报废的公共基础设施,不再补提折旧。

第二十二条　对于确认为公共基础设施的单独计价入账的土地使用权,政府会计主体应当按照《政府会计准则第4号——无形资产》的相关规定进行摊销。

第二节　公共基础设施的处置

第二十三条　政府会计主体按规定报经批准无偿调出、对外捐赠公共基础设施的,应当将公共基础设施的账面价值予以转销,无偿调出、对外捐赠中发生的归属于调出方、捐出方的相关费用应当计入当期费用。

第二十四条　公共基础设施报废或遭受重大毁损的,政府会计主体应当在报经批准后将公共基础设施账面价值予以转销,并将报废、毁损过程中取得的残值变价收入扣除相关费用后的差额按规定做应缴款项处理(差额为净收益时)或计入当期费用(差额为净损失时)。

第五章　公共基础设施的披露

第二十五条　政府会计主体应当在附注中披露与公共基础设施有关的

下列信息：

（一）公共基础设施的分类和折旧方法。

（二）各类公共基础设施的折旧年限及其确定依据。

（三）各类公共基础设施账面余额、累计折旧额（或摊销额）、账面价值的期初、期末数及其本期变动情况。

（四）各类公共基础设施的实物量。

（五）公共基础设施在建工程的期初、期末金额及其增减变动情况。

（六）确认为公共基础设施的单独计价入账的土地使用权的账面余额、累计摊销额及其变动情况。

（七）已提足折旧继续使用的公共基础设施的名称、数量等情况。

（八）暂估入账的公共基础设施账面价值变动情况。

（九）无偿调入、接受捐赠的公共基础设施名称、数量等情况（包括未按照本准则第十二条和第十三条规定计量并确认入账的公共基础设施的具体情况）。

（十）公共基础设施对外捐赠、无偿调出、报废、重大毁损等处置情况。

（十一）公共基础设施年度维护费用和其他后续支出情况。

第六章 附则

第二十六条 对于应当确认为公共基础设施、但已确认为固定资产的资产，政府会计主体应当在本准则首次执行日将该资产按其账面价值重分类为公共基础设施。

第二十七条 对于应当确认但尚未入账的存量公共基础设施，政府会计主体应当在本准则首次执行日按照以下原则确定其初始入账成本：

（一）可以取得相关原始凭据的，其成本按照有关原始凭据注明的金额减去应计提的累计折旧后的金额确定；

（二）没有相关凭据可供取得，但按规定经过资产评估的，其成本按照评估价值确定；

（三）没有相关凭据可供取得、也未经资产评估的，其成本按照重置成本确定。

本准则首次执行日以后，政府会计主体应当对存量公共基础设施按其在首次执行日确定的成本和剩余折旧年限计提折旧。

第二十八条 本准则自 2018 年 1 月 1 日起施行。

后　　记

党的十八届三中全会提出了要"建立权责发生制的政府综合财务报告制度"的重要战略部署。公共基础设施是政府资产的重要组成部分,构建公共基础设施的核算与报告体系,是实施编制全国和地方资产负债表、建立权责发生制的政府综合财务报告制度这一战略部署的必然要求。公路资产在公共基础设施中具有代表性,因此着眼于各级政府及其部门对公路资产核算与报告的现实需求,致力于构建公路资产核算的财务会计体系、完善公路资产核算的预算会计体系,显得十分迫切和必要。为此,江苏省财政厅黄春育处长和江苏省交通运输厅秦义林副处长总体策划"公路资产核算与报告规则研究"课题。江苏省交通运输厅的领导审时度势,将"公路资产核算与报告规则研究"列为一项重大研究项目,该课题相关工作于2016年1月启动。

东南大学有幸承担了该项课题的研究工作,该课题由东南大学社会科学处处长陈志斌教授担任主持人,成员包括相关领域的教授、副教授、讲师、博士生和硕士生。自2016年3月开始,课题组先后进行了多次实地调研,并得到江苏省交通运输厅、江苏省交通运输厅公路局、江苏省高速公路经营管理中心以及各市、区交通局、公路管理机构等单位大力支持。2016年9月,课题开展了大纲审查工作,省交通运输厅、财政厅领导对课题给予指导和评价,与会的各位评审专家对课题大纲提出了宝贵意见,使本课题的研究更具规范性、科学性。2017年3月,省交通运输厅验收了本课题的结项报告,与会领导、评审专家给予了本课题研究报告高度评价,一致认为该课题研究成果属于国内领先水平,具有较高的创新性。值得强调的是,在本课题结题之后,2017年4月17日,财政部发布了《政府会计准则第5号——公共基础设施准则》(财会〔2017〕11号);2017年10月24日,财政部印发了《政府会计制度——行政事业单位会计科目和报表》(财会〔2017〕25号)。为了契合公共基础设施准则、政府会计制度的要求,推进公共基础设施准则、政府会计制度的有效实施,课题组在遵循公共基础设施准则、政府会计制度相关规定的情况下,结合公路资产实际情况,对本课题进行了补充和完善,在此基础上形成了本书的书稿。

在此,向在本书研究过程中给予大力支持的各位领导、评审专家、相关调研单位致以衷心的谢意!对所有参与研究与撰写工作的同志表示由衷的感谢!同时,也一并感谢东南大学出版社和参与本书出版工作的所有老师!

陈志斌

二〇一七年十一月